交通运输企业安全生产标准化评价实施细则

2020

港口危险货物码头企业安全生产标准化评价实施细则

《港口危险货物码头企业安全生产标准化评价实施细则》编写组 编
交通运输部安全委员会办公室 审定

人民交通出版社股份有限公司
China Communications Press Co.,Ltd.

内 容 提 要

本书详细介绍了港口危险货物码头企业安全生产标准化评价办法，适合港口危险货物码头企业安全生产管理人员学习使用，也可供港口危险货物码头企业安全生产标准化评审员学习参考。

图书在版编目(CIP)数据

港口危险货物码头企业安全生产标准化评价实施细则/《港口危险货物码头企业安全生产标准化评价实施细则》编写组编.—北京：人民交通出版社股份有限公司，2019.4

ISBN 978-7-114-15356-3

Ⅰ.①港… Ⅱ.①港… Ⅲ.①港口企业—危险物品管理—企业管理—安全生产—标准化管理—中国②码头—危险物品管理—企业管理—安全生产—标准化管理—中国 Ⅳ.①U698.5

中国版本图书馆 CIP 数据核字(2019)第 025677 号

Gangkou Weixian Huowu Matou Qiye Anquan Shengchan Biaozhunhua Pingjia Shishi Xize

书　　名：港口危险货物码头企业安全生产标准化评价实施细则
著 作 者：《港口危险货物码头企业安全生产标准化评价实施细则》编写组
责任编辑：刘　博　屈闻聪
责任校对：赵媛媛
责任印制：刘高彤
出版发行：人民交通出版社股份有限公司
地　　址：(100011)北京市朝阳区安定门外外馆斜街 3 号
网　　址：http://www.ccpress.com.cn
销售电话：(010)59757973
总 经 销：人民交通出版社股份有限公司发行部
经　　销：各地新华书店
印　　刷：北京印匠彩色印刷有限公司
开　　本：787×1092　1/16
印　　张：13.5
字　　数：228 千
版　　次：2019 年 4 月　第 1 版
印　　次：2020 年 5 月　第 2 次印刷
书　　号：ISBN 978-7-114-15356-3
定　　价：40.00 元

丛书编委会

技术支持

中国船级社

交通运输部水运科学研究院

北京市交通委员会

中交第四公路工程局有限公司

北京中平科学技术院

前　言 QIANYAN

交通运输安全生产是我国安全生产的重要组成部分，与经济社会健康发展和人民群众获得感、幸福感、安全感息息相关。在建设安全便捷、畅通高效、绿色智能现代综合交通运输体系过程中，交通运输行业必须始终牢固树立以人民为中心的发展理念，始终将安全工作放在首位，坚持改革创新，坚持安全发展，进一步增强做好安全工作的责任感、使命感和紧迫感，采取切实有效的工作措施，筑牢安全生产防线，确保交通运输事业发展长治久安。

6 年来，交通运输行业积极推进企业安全生产标准化建设，取得了一系列成效：一是明确界定了企业落实安全生产主体责任的内涵和要求，让大家知道安全生产管什么、怎么管、达到什么要求，推动企业安全生产工作逐步规范，事故水平持续下降，显著提升了行业安全生产水平；二是强化了行业管理部门安全监管工作，丰富了安全监管手段，增强了安全监管工作的针对性，为部门实施安全生产分类指导、分级监管提供重要依据；三是为管理部门监督检查工作提供了相关标准和清单，推动实现精细化、清单化监管。

为进一步加强和推进交通运输行业安全生产标准化建设工作，交通运输部 2016 年 7 月 26 日印发了《交通运输企业安全生产标准化建设评价管理办法》（交安监发〔2016〕133 号），进一步优化完善了企业安全生产标准化建设工作机制；2018 年 5 月 1 日起，相继颁布了《交通运输企业安全生产标准化建设基本规范》一系列行业标准，将原考评指标上升为行业规范，有效提升了标准化建设工作的科学性、专业性和指导性。为做好新标准的实施，我们组织标准起草单位和专家编制了系列标准的实施细则和汽车租赁、巡游出租车、港口罐区和港口理货仓储等领域的安全生产标准化建设试行细则。

本书由孙国庆担任主编，赵文文担任副主编，占小跳、刘智刚、李筠、吴华玲、邹林、周亚飞、夏庆、黄明、崔迪、董国亮、程霄楠、傅玲、蔡靖、姚静涛、安玉林、赵颖参与编写。

新编制的《港口危险货物码头企业安全生产标准化评价实施细则》力求科学严谨、精准精细、便于操作，但由于编写安排进度较紧，难免出现一些错误和问题，希望大家积极批评指正，为交通运输企业安全生产标准化建设基本规范和实施细则的优化、完善贡献力量，持续推进行业安全发展，为交通强国建设保驾护航！

编委会

2018 年 11 月

目　录 MULU

第一章 港口危险货物码头企业安全生产标准化评价实施细则

评价类目	评价项目	释义	评价方法	标准分值	评价标准	得分
一、目标与考核（30分）	1.企业应结合生产实际制定安全生产目标	安全生产目标是在一定条件下，一定时间内完成安全活动所达到的某一预期目的的指标。安全生产目标的制定应切合企业实际，要求内容明确、具体、量化，有时限性。 安全生产目标应以文件形式正式发布，供全体员工和相关方获知。 安全生产目标应： ①符合或严于相关法律法规的要求； ②形成文件，并得到本企业所有从业人员的贯彻和实施；	**查资料**： 1.安全生产目标； 2.发布安全生产目标的文件； 3.贯彻实施安全生产目标的相关资料。 **询问**： 抽查3～15名企业从业人员是否了解本企业安全生产目标。 **现场检查**： 安全生产目标是否充分公开，便于企业员工及相关方获得	5 ★★	1.应制定符合要求的安全生产目标； 2.安全生产目标应正式发布、贯彻和实施； 3.从业人员应了解安全生产目标； 4.安全生产目标应充分公开，便于员工及相关方获得	

续上表

评价类目	评价项目	释义	评价方法	标准分值	评价标准	得分
一、目标与考核（30分）		③与企业的职业安全健康风险相适应； ④具有可考核性，体现企业持续改进的承诺； ⑤便于企业员工及相关方获得				
	2. 企业应根据安全生产目标制定可考核的安全生产工作指标，指标应不低于上级下达的目标	安全生产工作指标为量化的安全生产控制指标。对安全生产目标进行量化，使其具体化、更具有针对性，便于企业对安全生产目标的实施情况进行考核和统计。企业制定的安全生产工作指标应符合法律法规要求，不低于上级有关部门下达的安全考核指标。 安全生产工作指标可包括责任事故率、设备设施的完好率、人员持证上岗率、隐患整改完成率等	**查资料：** 1. 发布的安全生产工作指标； 2. 上级单位下达的安全生产目标	5	1. 未制定量化、可考核的安全生产工作指标，不得分； 2. 制定的安全生产指标低于上级部门下达的安全生产目标，不得分； 3. 制定的安全工作指标不合理、与企业实际情况不符，每处扣1分	

续上表

评价类目	评价项目	释义	评价方法	标准分值	评价标准	得分
一、目标与考核（30分）	3.企业应制定实现安全生产目标和工作指标的措施	企业明确安全生产目标和安全生产工作指标后，应制定措施保证安全生产目标和安全生产工作指标的实现。措施一般包括：完善安全生产管理机构、明确安全生产责任、资金保障、建立安全生产制度体系、安全教育与培训、设备设施维护、应急训练与演习等，措施应具体、责任明确	**查资料：** 实现安全生产目标和工作指标的具体措施文件	5	1.未制定实现安全生产目标和工作指标的措施文件，不得分； 2.制定的措施不具体、不可行或责任不明确，每处扣1分	
	4.企业应制定安全生产年度计划和专项活动方案，并严格执行	企业应按照规划，逐年推进安全生产工作，针对突出的安全生产问题，通过制定年度计划和年度专项活动方案，进一步细化工作安排，使其更具有针对性和可操作性。 专项方案主要包括指导思想、活动主题、组织机构、工作目标、时间节点与具体内容等	**查资料：** 1.安全生产年度计划和专项活动方案； 2.安全生产年度计划和专项活动方案执行的相关记录和总结材料等	5	1.未制定安全生产年度计划，扣3分； 2.未制定安全生产专项活动方案，扣2分； 3.执行安全生产年度计划和方案的记录和总结材料不完整，每处扣1分	

续上表

评价类目	评价项目	释义	评价方法	标准分值	评价标准	得分
一、目标与考核（30分）	5. 企业应将安全生产工作指标进行细化和分解，制定阶段性的安全生产控制指标，并予以考核	企业应结合实际，按照组织结构及下属单位在安全生产中的职责及风险，将年度安全生产目标转化成阶段性安全生产控制指标，并逐级细化分解，落实到每个单位、部门、班组和岗位，通过指标考核，调动全体职工的积极性，从而保证企业安全生产指标的实现	**查资料：** 1. 细化和分解后的安全生产工作指标； 2. 企业制定的阶段性安全生产控制指标； 3. 各项指标的考核记录	5	1. 未制定细化、分解的安全生产工作指标，扣2分； 2. 工作指标细化和分解不合理、不符合企业实际或不完善，每处扣1分； 3. 未制定阶段性的安全生产控制指标，扣1分	
	6. 企业应建立安全生产目标考核与奖惩的相关制度，并定期对安全生产目标完成情况予以考核与奖惩	考核奖惩是提升安全管理最有效方法之一，企业应制定规章制度或管理办法，明确考核奖惩对象、考核时限，考核程序与方法，考核的具体内容，奖惩条件等，应明确考核的责任部门，保证考核和奖惩工作有效实施。 安全生产考核与奖惩应规范、合理，实现奖优罚劣、激励约束。	**查资料：** 1. 安全生产目标考核与奖惩管理制度； 2. 目标考核记录文件； 3. 奖惩兑现记录	5	1. 未制定安全生产目标与奖惩管理制度，扣2分； 2. 制定的安全生产目标与奖惩制度内容不完善，每处扣1分； 3. 未定期进行考核与奖惩的，扣3分；考核奖惩记录不完整，每处扣1分	

续上表

评价类目	评价项目		释义	评价方法	标准分值	评价标准	得分
一、目标与考核（30分）			企业应根据安全生产目标考核与奖惩制度规定，定期对所有部门和岗位安全生产目标完成情况进行考核，并重点考核企业安全生产主要负责人（项目负责人）。定期一般分为月度跟踪、季度分析、半年检查和年度考核，并应奖惩兑现				
二、管理机构和人员（35分）	1. 安全生产管理机构	①企业应建立以企业主要负责人为领导的安全生产委员会（或安全生产领导小组），并应职责明确。应建立健全从安全生产委员会（或安全生产领导小组）至基层班组的安全生产管理网络	安全生产委员会（或安全生产领导小组）是企业安全生产管理的最高决策机构。应由企业安全生产第一责任人、分管领导与有关部门人员组成	**查资料：** 1. 公司成立安全生产委员会，下属各分支机构成立安全生产领导小组的正式文件； 2. 安全生产委员会（或安全生产领导小组）职责； 3. 公司安全生产管理网络图	10 ★★	1. 安全生产委员会（或安全生产领导小组）的设置应满足要求； 2. 安全生产委员会（或安全生产领导小组）的职责应明确； 3. 应建立健全从安全生产委员会（或安全生产领导小组）至基层班组的安全生产管理网络	

续上表

评价类目	评价项目		释义	评价方法	标准分值	评价标准	得分
二、管理机构和人员（35分）	1.安全生产管理机构	②企业应按规定设置与企业规模相适应的安全生产管理机构	安全生产管理机构是企业内部设置的对安全生产工作进行综合协调和监督的综合管理部门。 矿山、金属冶炼、建筑施工、道路运输单位和危险物品的生产、经营、储存单位，应当设置安全生产管理机构或者配备专职安全生产管理人员，其他生产经营单位从业人员超过100人的，应当设置安全生产管理机构或者配备专职安全生产管理人员；从业人员在100人以下的，应当配备专职或者兼职的安全生产管理人员。各省市安全生产有特别规定的，从其规定	**查资料：** 1.设置安全生产管理机构或配备安全生产管理人员的文件； 2.安全生产管理机构或安全生产管理人员的职责/工作制度等文件	5 ★★	1.应按规定设置安全生产管理机构或配备的安全生产管理人员； 2.设置的安全生产管理机构或配备的安全生产管理人员应与企业规模相适应； 3.应明确安全生产管理机构或安全生产管理人员职责	

续上表

评价类目	评价项目		释义	评价方法	标准分值	评价标准	得分
二、管理机构和人员(35分)	1.安全生产管理机构	③企业应定期召开安全生产委员会或安全生产领导小组会议。安全生产管理机构或下属分支机构每月至少召开一次安全工作例会	安全生产委员会会议每季度至少召开一次,研究解决安全生产中的重大问题,安排阶段性安全生产工作。 安全工作例会每月至少召开一次,主要落实安全生产委员会会议决定,总结上一阶段安全生产工作完成情况,传达上级对安全生产的指令、文件,对安全工作进行部署,制定安全生产措施等。各分支机构和部门应汇报安全生产情况和存在的问题	**查资料:** 1. 安全工作例会制度; 2. 安全生产委员会召开安全工作例会的会议资料,包括会议通知、会议签到表、会议记录、会议纪要等; 3. 安全工作例会资料,包括会议通知,会议签到表、会议记录等	5 AR	1. 未制定安全例会制度,扣3分; 2. 制度不完善、内容不全面,每处扣0.5分; 3. 无安全工作例会会议记录、会议纪要、签到表等,每处扣0.5分	

续上表

评价类目	评价项目		释义	评价方法	标准分值	评价标准	得分
二、管理机构和人员（35分）	2.安全管理人员	①企业应按规定配备专（兼）职安全生产和应急管理人员	安全生产管理人员是指生产经营单位中从事安全生产管理工作的专职或兼职人员	**查资料：** 任命专（兼）职安全管理人员和应急管理人员的文件	5 ★★	1.应配备专（兼）职安全管理人员和应急管理人员； 2.安全生产管理人员和应急管理人员的配备应满足行业或地方法规要求	
		②企业的主要负责人和安全生产管理人员应具备与本企业所从事的生产经营活动相适应的安全生产和职业卫生知识与能力，并保持安全生产管理人员的相对稳定	企业主要负责人和安全生产管理人员必须具备与本企业所从事的生产经营活动相适应的安全生产和职业卫生知识与能力，同时具有领导安全生产管理工作和处理安全生产事故的能力	**查资料：** 1.企业主要负责人和安全生产管理人员岗位任职能力要求； 2.安全管理岗位能力评价、培训及考核记录； 3.安全生产管理人员劳动合同	5	1.未制定主要负责人和安全生产管理人员岗位任职能力要求，扣3分； 2.安全管理岗位能力评价、培训、考核，记录不完整，每处扣1分； 3.安全生产管理人员劳动合同期限未满足一年期以上的，每人次扣2分	

续上表

评价类目	评价项目		释义	评价方法	标准分值	评价标准	得分
二、管理机构和人员（35分）	2.安全管理人员	③企业应当聘用注册安全工程师从事安全管理工作	《中华人民共和国安全生产法》第二十四条规定："危险物品的生产、储存单位以及矿山、金属冶炼单位应当有注册安全工程师从事安全生产管理工作。鼓励其他生产经营单位聘用注册安全工程师从事安全生产管理工作"。 《港口危险货物安全管理规定》第二十七条规定："危险货物港口经营人应当在依法取得许可的范围内从事危险货物港口作业，依法提取和使用安全生产经费，聘用注册安全工程师从事安全生产管理工作"	**查资料：** 注册安全工程师证书及聘用书（或合同）	5 ★★	企业应当聘用注册安全工程师从事安全管理工作	

续上表

评价类目	评价项目		释义	评价方法	标准分值	评价标准	得分
三、安全责任体系(40分)	1.健全责任制	①企业应建立安全生产责任制，明确安全生产委员会（或安全生产领导小组）、安全生产管理机构、各职能部门、生产基层单位的安全生产职责，层层签订安全生产责任书，并落实到位	《中华人民共和国安全生产法》第四条规定："生产经营单位必须遵守本法和其他有关安全生产的法律、法规，加强安全生产管理，建立、健全安全生产责任制和安全生产规章制度，改善安全生产条件，推进安全生产标准化建设，提高安全生产水平，确保安全生产。" 安全生产责任制是企业安全生产的核心，是安全生产管理的源头。安全生产责任制应明确规定企业领导层、管理人员及所有从业人员、各管理部门、各级单位、岗位对安全生产应负的责任、权利和义务。企业的安全生产责任制应覆盖企业的所有方面，通过文件或有关规定发布，层层签订安全生产责任书，明确全体人员的安全生产责任	**查资料：** 1. 企业安全生产组织机构、各部门、岗位职责文件； 2. 安全生产委员会任命及职责规定文件； 3. 抽查安全生产管理机构、主要职能部门、基层单位、重要岗位安全生产责任书。 **询问：** 抽查重要安全生产管理人员、岗位员工3~15人是否清楚各自安全生产职责，了解责任书签订情况	10 AR	1. 未制定部门安全生产职责，不得分；缺少一个部门安全生产职责，扣3分； 2. 未层层签订安全生产责任书，不得分；每缺一份扣1分； 3. 员工不明确自身安全职责，每人次扣1分	

续上表

评价类目	评价项目		释　义	评价方法	标准分值	评价标准	得分
三、安全责任体系(40分)	1.健全责任制	②企业主要负责人或实际控制人是本企业安全生产第一责任人,对本企业安全生产工作全面负责,负全面组织领导、管理责任和法律责任,并履行安全生产的责任和义务	企业主要负责人为企业的主要领导者,对企业的生产经营活动全面负责,《中华人民共和国安全生产法》规定,生产经营单位的主要负责人对本单位的安全生产工作全面负责。 企业应建立健全"党政同责、一岗双责、齐抓共管"的安全生产责任体系,总经理、党总支书记同为安全生产第一责任人,对安全生产工作共同负责。 生产经营单位的主要负责人对本单位安全生产工作负有下列职责: ①建立、健全本单位安全生产责任制; ②组织制定本单位安全生产规章制度和操作规程; ③保证本单位安全生产投入的有效实施;	**查资料:** 1. 企业营业执照、经营资质等材料,确定企业安全生产第一责任人; 2. 安全生产责任制。 **询问:** 企业安全生产第一责任人是否清楚应承担的安全生产责任	5 ★★	1. 安全生产第一责任人职责应符合法律法规要求; 2. 安全生产第一责任人应熟知其安全责任	

续上表

评价类目	评价项目		释义	评价方法	标准分值	评价标准	得分
三、安全责任体系(40分)	1.健全责任制		④督促、检查本单位的安全生产工作,及时消除生产安全事故隐患; ⑤组织制定并实施本单位的生产安全事故应急救援预案; ⑥及时、如实报告生产安全事故; ⑦组织制定并实施本单位安全生产教育和培训计划; ⑧各省市安全生产职责有特别规定的,从其规定				
		③分管安全生产的企业负责人是安全生产的重要负责人,应协助企业安全生产第一责任人落实各项安全生产法律法规、标准,统筹协调和综合管理企业的安全生产工作,对本企业安全生产负重要管理责任	分管安全生产的负责人由企业任命或指派,协助主要负责人落实各项安全生产法律法规、标准规范等要求,统筹协调和综合管理企业的安全生产工作,对企业安全生产工作负综合管理领导责任	**查资料:** 查安全生产分管负责人的任命或职责分工文件。 **询问:** 1. 分管负责人应承担的职责;履职情况; 2. 跟踪检查相关履职证据	5	1. 未明确分管负责人,不得分;相关职责不充分、不明确,扣2分; 2. 分管负责人不清楚相应职责,不得分;未履行职责,每处扣2分;相关履职证据不充分,每处扣1分	

续上表

评价类目	评价项目		释义	评价方法	标准分值	评价标准	得分
三、安全责任体系(40分)	1.健全责任制	④其他负责人及员工实行“一岗双责”，对业务范围内的安全生产工作负责	企业实行安全生产“一岗双责”，指不仅要对所在岗位承担的具体业务工作负责，还要对所在岗位相应的安全生产负责。其他负责人和员工既负责分管范围的业务工作，又同时负责分管范围内的安全生产工作	**查资料：** 企业岗位职责和安全生产责任制。 **询问：** 抽查3～15名管理、现场操作等岗位人员，询问其各自岗位职责和安全生产职责	10	1.未明确各岗位职责和安全生产职责的，不得分； 2.各部门或岗位职责不清的，每处扣1分； 3.管理、现场操作人员，不熟悉一岗双责的主要内容，每人次扣2分	
	2.责任制考评	企业应根据安全生产责任进行定期考核和奖惩，并公布考评结果和奖惩情况	企业应建立安全责任考核机制，制定安全生产责任考核制度，建立以岗位安全绩效考核为重点，以落实岗位安全责任为主线，以杜绝岗位安全责任事故为目标的全员安全生产责任考核体系。加大安全生产责任在员工绩效工资、晋级、评先评优等考核中的权重，重大责任事项实行“一票否决”。对各级管理部门、管理人员及从业人员安全生产职责的履行情况进行定期考核和奖惩	**查资料：** 1.安全生产责任定期考核和奖惩制度； 2.考核记录； 3.奖惩兑现记录	10 AR	1.未建立安全生产责任定期考核和奖惩制度，扣3分； 2.未开展安全责任制考核，不得分；考核不合理、不全面等，每处扣0.5分； 3.未依据考核结果进行奖惩，扣5分； 4.未公布考核结果和奖惩情况，扣3分	

续上表

评价类目	评价项目		释义	评价方法	标准分值	评价标准	得分
四、资质、法律法规与安全生产管理制度(85分)	1.资质	①企业的《企业法人营业执照》应合法有效,经营范围应符合要求	企业应按照《中华人民共和国公司登记管理条例》管辖规定开展工商登记;各类资质证书中的名称、法人等应一致,资质证书应处于有效期内。 企业应在核准的工商登记和资质许可范围开展合法的经营活动	**查资料:** 企业法人营业执照原件。 **现场检查:** 企业实际经营范围	5 ★★	1. 企业法人营业执照应合法有效; 2. 应在核准的经营许可范围内开展经营活动	
		②港口经营许可证、港口危险货物作业附证应合法有效,经营范围应符合要求	港口经营企业应取得《港口经营许可证》和《港口危险货物作业附证》,不得超范围经营	**查资料:** 1. 港口经营许可证; 2. 港口危险货物作业附证。 **现场检查:** 核实企业实际经营范围	5 ★★	1. 企业应具备合法有效的港口经营许可证和港口危险货物作业附证; 2. 企业应在获准的经营许可范围内开展经营活动	

续上表

评价类目	评价项目		释　义	评价方法	标准分值	评价标准	得分
四、资质、法律法规与安全生产管理制度（85分）	2.法律法规及标准规范	①企业应制定及时识别、获取适用的安全生产法律法规、规范标准及其他要求的管理制度，明确责任部门，建立清单和文本（或电子）档案，并定期发布	企业应及时识别和获取本企业适用的安全生产法律法规、标准规范，并跟踪、掌握有关法律法规、标准规范的修订情况	**查资料：** 1. 及时识别、获取安全生产法律法规、标准规范的管理制度； 2. 适用的法律法规、标准及其他要求的清单、文本或电子文档、数据库等； 3. 定期更新发布的记录	5	1. 未制定识别和获取适用的安全生产法律法规、标准规范及其他要求的管理制度的，扣2分；未明确责任部门、获取渠道、更新要求等，每缺一项扣1分； 2. 无法律法规清单、相关文本、电子文档的，扣3分；存在安全生产法律法规、规范标准及其他管理制度过期、失效、遗漏、不适用的，每处扣0.5分； 3. 未及时更新发布的，扣2分	

续上表

评价类目	评价项目		释义	评价方法	标准分值	评价标准	得分
四、资质、法律法规与安全生产管理制度(85分)	2.法律法规及标准规范	②企业应及时对从业人员进行适用的安全生产法律法规、规范标准宣贯，并根据法规标准和相关要求及时制定(修订)本企业安全生产管理制度	企业应及时对从业人员进行适用的安全生产法律法规、规范标准的宣贯，将安全生产法律法规、标准规范及相关要求及时转化为本单位规章制度，并贯彻到各项工作中	**查资料：** 1. 培训或宣贯记录； 2. 企业安全生产管理制度制定(修订)记录	5	1. 未开展安全生产法律法规的培训或宣贯，不得分； 2. 安全生产管理制度未体现适用的法规要求、未及时修订等，每处扣1分	
		③每年应至少一次对适用的安全生产法律、法规、标准及其他要求进行符合性评价，以保证所有安全生产法律、法规、标准及其他要求均为适用、有效版本	企业应至少每年开展一次符合性评价工作，对企业已识别获取的法律法规、标准规范等内容的有效性、完整性进行评价，对各项要求是否落实到安全管理工作中、是否能够严格执行进行评价。 符合性评价工作应有记录及总结，及时发现问题，制定改进计划并实施	**查资料：** 1. 法律法规、标准规范符合性评价管理制度； 2. 符合性评价记录，包括：评价计划、评价记录、评价报告	5	1. 未至少每年开展一次符合性评价工作，不得分； 2. 符合性评价记录不完整，每处扣1分	

续上表

评价类目	评价项目		释　义	评价方法	标准分值	评价标准	得分
四、资质、法律法规与安全生产管理制度(85分)	3.安全管理制度	①企业应制定安全生产与职业卫生管理制度	安全生产与职业卫生管理制度是企业依据国家有关法律法规、标准规范,结合安全生产工作实际,以企业名义起草颁发的有关安全生产的规范性文件。 企业是安全生产的责任主体,建立健全安全管理制度是企业的法定责任,是规范从业人员的生产作业行为,保证生产经营活动安全、顺利进行的重要手段。《中华人民共和国安全生产法》规定:企业应制定健全的安全生产管理制度,规范从业人员的安全行为。 安全管理与职业卫生管理制度包括(但不限于)下列内容: ①目标管理; ②安全生产责任制;	**查资料:** 1. 安全生产与职业卫生管理规章制度; 2. 安生生产管理制度的编制、审核、批准记录	8	1. 安全生产与职业卫生管理制度未覆盖所有安全管理工作的,每缺一项扣2分(其他评价内容中已有的不重复扣分,名称不要求一样,但内容应涵盖); 2. 安全生产与职业卫生管理制度内容不完善、未明确责任部门、职责、工作要求等内容的,每处扣1分; 3. 安全生产与职业卫生管理制度的编制、审核、批准记录不完整的,每处扣1分	

续上表

评价类目	评价项目		释义	评价方法	标准分值	评价标准	得分
四、资质、法律法规与安全生产管理制度(85分)	3.安全管理制度		③安全生产法律法规、标准规范管理; ④安全生产承诺; ⑤安全生产投入; ⑥安全生产信息化; ⑦“四新”(新技术、新材料、新工艺、新设备设施)管理; ⑧文件、记录和档案管理; ⑨安全风险管理、隐患排查治理; ⑩职业病危害防治; ⑪教育培训; ⑫班组安全活动; ⑬特种作业人员管理; ⑭建设项目“三同时”管理; ⑮设备设施管理; ⑯施工和检测维修安全管理; ⑰危险物品管理; ⑱危险作业安全管理;				

续上表

评价类目	评价项目		释　义	评价方法	标准分值	评价标准	得分
四、资质、法律法规与安全生产管理制度(85分)	3.安全管理制度		⑲道路交通安全管理； ⑳安全警示标志管理； ㉑安全预测预警； ㉒安全生产奖惩管理； ㉓相关方安全管理； ㉔变更管理； ㉕个体防护用品管理； ㉖应急管理； ㉗事故管理； ㉘绩效评定管理				
		②企业应建立健全安全生产规章制度，并征求工会及从业人员意见和建议，规范安全生产管理工作	企业应按规定建立健全安全生产规章制度。为保证制度合理性，安全生产规章制度应征求工会及从业人员的意见与建议，并保存相关工作记录	**查资料：** 1. 安全生产规章制度评审发布的记录； 2. 安全生产管理制度征求工会及从业人员意见的记录。 **询问：** 抽查3～15名工会及其他从业人员，了解意见征询情况	2	1. 安全生产规章制度未征求工会及从业人员意见，不得分； 2. 无相关记录，扣3分； 3. 记录不完整，每处扣1分	

续上表

评价类目	评价项目		释义	评价方法	标准分值	评价标准	得分
四、资质、法律法规与安全生产管理制度(85分)	3.安全管理制度	③企业制定的安全生产管理制度应符合国家现行的法律法规的要求	企业制定的安全生产管理制度应符合国家现行的法律法规的要求	**查资料:** 安全生产管理规章制度	5	规章制度不符合法律法规、标准规范要求,每处扣1分	
		④企业应组织从业人员进行安全生产管理制度的学习和培训	企业应组织从业人员进行安全生产管理制度的学习、培训,使其了解相关要求	**查资料:** 安全生产管理制度培训、宣贯记录	5	1. 未组织开展安全生产管理制度的学习、培训,不得分; 2. 每缺一项与岗位相关的安全生产管理制度培训,扣1分	

续上表

评价类目	评价项目		释义	评价方法	标准分值	评价标准	得分
四、资质、法律法规与安全生产管理制度(85分)	3.安全管理制度	⑤企业应确保从业人员及时获取制度文本	企业应制定安全生产管理制度发布、培训、告知、实施、修订、废止等相关的管理办法,并明确从业人员获取制度文本的途径,获取途径包括办公系统、显著位置张贴、发放制度手册等方式,保证从业人员及时、便捷地获取制度文本	**查资料:** 从业人员获取安全生产管理制度文本的记录,包括办公系统发布时间、现场张贴记录、手册发放记录等。 **现场检查:** 安全生产管理制度发布情况,如办公系统、现场张贴、岗位是否有制度文本等。 **询问:** 从业人员获取制度文本的途径	2	1.未明确从业人员获取安全生产管理制度文本的途径,扣2分; 2.从业人员不清楚安全生产管理制度获取途径的,每人次扣1分; 3.未提供与本岗位有关的现行有效的安全生产管理制度文本或电子版的,每缺一项扣1分	

续上表

评价类目	评价项目		释义	评价方法	标准分值	评价标准	得分
四、资质、法律法规与安全生产管理制度(85分)	4.操作规程	①企业应按照有关规定,结合企业港口货物装卸/储运工艺、设备设施的特点、装卸/储存货物的种类及特性、岗位作业安全风险,编制齐全适用的岗位安全生产操作规程,发放到相关岗位员工,并严格执行	应根据港口货物装卸/储存工艺、设备设施特点、装卸/储存货物的种类及特性、岗位作业安全风险,编制适用的岗位安全生产操作规程,应覆盖所有适用岗位、所有作业环节、所有设备、所有货种,操作规程应明确:操作前检查及准备工作的程序和方法;操作中严禁的行为;必需的操作步骤和操作方法;操作注意事项;正确使用劳动防护用品的要求;出现异常情况时的应急措施。 岗位安全生产操作规程包括(但不限于)下列内容: ①船舶靠离泊作业; ②系解缆作业; ③装卸船作业; ④水上过驳作业; ⑤车船直取作业;	**查资料:** 1.安全操作规程; 2.许可作业货种清单; 3.装卸/储运设备设施清单; 4.操作规程发放记录	5 ★★	1.应制定适用岗位安全生产的操作规程; 2.安全生产操作规程应包含安全作业要求; 3.岗位安全生产操作规程应覆盖所有适用岗位、所有作业环节、所有设备、所有货种; 4.建立安全生产操作规程发放记录	

续上表

评价类目	评价项目		释义	评价方法	标准分值	评价标准	得分
四、资质、法律法规与安全生产管理制度(85分)	4.操作规程		⑥堆场作业; ⑦装卸车作业; ⑧装桶作业; ⑨拆装箱/洗箱作业; ⑩集装箱熏蒸作业; ⑪滚装作业; ⑫车辆固定、绑扎作业; ⑬停送电作业; ⑭高压倒闸作业; ⑮危险货物装卸/储存作业; ⑯扫线、清洗作业; ⑰装卸设备操作规程; ⑱储运设备操作规程; ⑲消防设备操作规程; ⑳地磅等计量设备操作规程; ㉑场地运输设备操作规程。 安全生产操作规程应发放至各相关岗位,从业人员易于获取,并严格执行				

续上表

评价类目	评价项目		释义	评价方法	标准分值	评价标准	得分
四、资质、法律法规与安全生产管理制度(85分)	4.操作规程	②企业应在新技术、新材料、新工艺、新设备设施投产或投用前,组织编制相应的安全生产操作规程,保证其适用性	生产经营单位采用新工艺、新技术、新材料或者使用新设备,必须掌握其安全技术特性,采取有效的安全防护措施,根据实际状况编制相应的安全生产操作规程,并保证其适用性	**查资料:** "四新"相关的安全生产操作规程。 **现场检查结合询问:** 企业新技术、新材料、新工艺、新设备设施投产或使用情况	5	1. 未编制或未在新工艺、新技术、新材料、新设备投用前,编制适用的安全生产操作规程,每缺一个扣2分; 2. 安全生产操作规程的编制、审批程序不符合要求,未采取保证其适用性措施的,每处扣1分; 3. 安全生产操作规程未包含安全作业要求,每处扣1分	
		③企业应确保从业人员参与岗位安全生产操作规程的编制和修订工作	从业人员参与岗位安全生产操作规程的编制与修订工作,是保障操作规程全面、实用的有效手段	**查资料:** 从业人员参与岗位安全生产操作规程的编制和修订的记录	3	1. 无从业人员参与的岗位安全生产操作规程编制工作记录,不得分; 2. 工作记录不完整,每处扣1分	

续上表

评价类目	评价项目		释　义	评价方法	标准分值	评价标准	得分
四、资质、法律法规与安全生产管理制度（85分）	4.操作规程	④企业应及时将操作规程发放到相关岗位，组织对从业人员进行操作规程的培训	应将纸质版安全操作规程发放到岗位人员，宜将安全生产操作规程的主要内容制成目视化看板、展板等，放置在作业现场，并组织进行岗位安全操作规程的教育培训。新员工、转复岗人员应进行岗位安全操作规程培训后方可上岗，其他人员应定期进行安全操作规程培训，以确保每名岗位作业人员熟知并遵守安全操作规程	**查资料：** 岗位安全操作规程教育培训记录。 **现场检查：** 抽查3～15个岗位是否配备相应的岗位操作规程。 **询问：** 现场抽查岗位操作人员3～15人，是否熟知本岗位操作规程	5	1.未开展岗位操作规程培训，每人次扣1分； 2.岗位未配备相应的岗位安全生产操作规程，每处扣1分； 3.岗位操作人员不熟悉岗位安全生产操作规程的，每人次扣2分	

续上表

评价类目	评价项目		释义	评价方法	标准分值	评价标准	得分
四、资质、法律法规与安全生产管理制度(85分)	5.修订	企业应明确评审和修订安全生产管理制度和操作规程的时机和频次,定期进行评审和修订,确保其有效性、适用性、与相关法律法规的符合性。企业应及时组织相关人员培训学习修订后的安全生产管理制度和操作规程,保证使用最新有效版本的安全生产管理制度和操作规程	任何制度都要经历一个从建立到不断完善的过程,任何制度的内容和形式都需要根据企业经营发展的变化而不断更新,及时修订企业规章制度有助于规范管理,是企业各项工作正常有效开展的基础,是企业健康有序发展的有力保障,是提高工作效率和工作质量、降低业务运作风险的重要管理手段。对制度的有效性、适宜性、充分性进行不断的评审与更新,是企业不可忽视的工作。 企业应根据政策法规、内外部环境的变化,及时修订相关安全生产管理制度及操作规程,并应定期进行评审、修订,及时组织从业人员进行培训学习。 企业应制定评审、修订安全生产管理制度、操作规程的管理办法,并应保存相关工作记录。	**查资料:** 1.明确评审和修订安全生产管理制度和操作规程的时机和频次的规定; 2.评审修订的记录; 3.修订后的培训记录。 **现场检查:** 抽查3~15个岗位是否使用最新有效版本的安全生产管理制度和操作规程	10	1.未明确评审和修订安全生产管理制度和操作规程的时机和频次,扣2分; 2.未定期或及时评审、修订制度或操作规程,不得分; 3.企业内外部环境发生变化时,未组织评审安全生产管理制度、操作规程,扣3分; 4.无评审记录,扣2分;评审记录不完整,每处扣1分; 5.安全生产管理制度或操作规程修订后未开展培训,扣2分;培训记录不完整,每处扣1分; 6.修订安全生产管理制度和操作规程未发放至相关岗位,每处扣2分	

续上表

评价类目	评价项目		释　义	评价方法	标准分值	评价标准	得分
四、资质、法律法规与安全生产管理制度(85分)	5.修订		在发生以下情况时,应及时对相关的管理制度或操作规程进行评审、修订: ①国家相关法律、法规、规程、标准废止、修订或新颁布; ②企业归属、体制、规模发生重大变化; ③生产设施新建、改建、扩建规模、作业环境已发生重大改变; ④设备设施发生变更; ⑤作业工艺、危险有害特性发生变化; ⑥政府相关行政部门提出整改意见; ⑦安全评价、风险评估、体系认证、分析事故原因、安全检查发现涉及规章制度、操作规程的问题; ⑧其他相关事项				

续上表

评价类目	评价项目		释义	评价方法	标准分值	评价标准	得分
四、资质、法律法规与安全生产管理制度(85分)	6.制度执行及档案管理	①企业每年至少组织一次对安全生产法律法规、标准规范、规章制度、操作规程的执行情况进行检查	企业每年至少组织一次对安全生产法律法规、标准规范、规章制度、操作规程的执行情况进行检查	**查资料：** 1.对适用的安全生产法律、法规、标准、规章制度、操作规程的执行情况进行检查或评价的记录、报告等； 2.对检查评价出的不符合项进行原因分析，制定相应纠正措施并组织实施的记录或证据资料	5	1.未开展法律法规、标准规范、规章制度、操作规程的执行情况检查或评价的，不得分；检查内容不齐全完整的，每处扣1分； 2.对检查或评价出的不符合项未进行原因分析，每处扣1分； 3.未制定纠正措施，或纠正措施未落实，每处扣1分	
		②企业应建立和完善各类台账和档案，并按要求及时报送有关资料和信息	企业应建立主要安全生产过程、检查的安全记录档案，并加强对安全记录的有效管理	**查资料：** 1.安全生产过程的各类记录、台账和档案等； 2.按要求报送的有关信息和资料	5 AR	1.未按照法律法规要求建立台账和档案的，每处扣0.5分； 2.台账和档案等保存不完整，每处扣0.5分； 3.未及时报送有关资料和信息，每处扣0.5分	

续上表

评价类目	评价项目		释义	评价方法	标准分值	评价标准	得分
五、安全投入(40分)	1.资金投入	①安全生产费用的提取至少应以上年度实际营业收入的1.5%平均逐月提取	根据《中华人民共和国安全生产法》第二十条规定，生产经营单位应当具备的安全生产条件所必需的资金投入，由生产经营单位的决策机构、主要负责人或者个人经营的投资人予以保证，并对由于安全生产所必需的资金投入不足导致的后果承担责任。生产经营单位应当按照《企业安全生产费用提取和使用管理办法》和所在地安全生产规定提取和使用安全生产费用，专门用于改善安全生产条件。安全生产费用在成本中据实列支。提取标准应符合《企业安全生产费用提取和使用管理办法》	**查资料：** 1. 安全生产费用管理制度； 2. 财务安全费用提取列支记录	15 ★★	安全生产费用的提取至少应以上年度实际营业收入的1.5%平均逐月提取	

续上表

评价类目	评价项目		释义	评价方法	标准分值	评价标准	得分
五、安全投入(40分)	1.资金投入	②安全生产经费应专款专用，按规定的安全生产费用使用范围合理使用，企业应保证安全生产投入的有效实施	《企业安全生产费用提取和使用管理办法》规定：企业提取的安全生产费用应当专户核算，按规定范围安排使用，不得挤占、挪用。年度结余资金结转下年度使用，当年计提安全费用不足的，超出部分按正常成本费用渠道列支。 安全生产费用使用范围包括： ①完善改造和维护安全防护设施设备支出（不含“三同时”要求初期投入的安全设施），包括道路、水路、铁路、管道运输设施设备和装卸工具安全状况检测及维护系统、运输设施设备和装卸工具附属安全设备等支出； ②购置、安装和使用具有行驶记录功能的车辆卫星定位装置、船舶通信导航定位和自动识别系统、电子海图等支出；	**查资料：** 1.安全生产费用台账； 2.安全生产费用使用原始票据。 **询问：** 安全管理部门和财务部门人员安全生产费用使用情况	10	1.未制定安全生产费用管理制度，扣5分； 2.安全生产费用管理制度中未包含职责、提取比例、使用范围、过程管理、监督检查等内容，每处扣2分； 3.安全生产费用管理制度中未明确责任部门或专人负责安全生产费用管理的，扣2分； 4.财务无专项科目或安全生产费用归类统计的，扣10分； 5.安全生产费用台账不完善的，一处扣1分； 6.无安全生产费用使用原始票据的，不得分； 7.未按规定范围使用安全生产费用（超范围使用或挪用），每处扣2分	

续上表

评价类目	评价项目		释　义	评价方法	标准分值	评价标准	得分
五、安全投入(40分)	1.资金投入		③配备、维护应急救援器材、设备支出和应急演练支出； ④开展重大危险源和事故隐患评估、监控和整改支出； ⑤安全生产检查、评价(不包括新建、改建、扩建项目安全评价)、咨询及标准化建设支出； ⑥配备和更新现场作业人员安全防护用品支出； ⑦安全生产宣传、教育、培训支出； ⑧安全生产适用的新技术、新标准、新工艺、新装备的推广应用支出； ⑨安全设施及特种设备检测检验支出； ⑩其他与安全生产直接相关的支出				

续上表

评价类目	评价项目		释义	评价方法	标准分值	评价标准	得分
五、安全投入(40分)	1.资金投入	③企业应及时投入满足安全生产条件的所需资金	根据《中华人民共和国安全生产法》第二十条规定,生产经营单位应当具备的安全生产条件所必需的资金投入,由生产经营单位的决策机构、主要负责人或者个人经营的投资人予以保证,并对由于安全生产所必需的资金投入不足导致的后果承担责任。 《企业安全生产费用提取和使用管理办法》第二十六条规定:在本办法规定的使用范围内,企业应当将安全费用优先用于满足安全生产监督管理部门、煤矿安全监察机构以及行业主管部门对企业安全生产提出的整改措施或者达到安全生产标准所需的支出。 《企业安全生产费用提取和使用管理办法》第三十二条规定:企业应当加强安全费用管理,编制年度安全费用提取和使用计划,纳入企业财务预算	**查资料:** 1. 安全生产费用使用计划; 2. 安全生产费用台账。 **询问:** 1. 安全生产管理部门安全生产费用投入使用情况; 2. 生产管理部门安全生产费用投入使用情况。 **现场检查:** 1. 国家法律法规、标准规范要求的安全防护设备设施、劳动防护用品、人员设置、应急等配备及投入情况; 2. 是否存在因安全生产投入不足导致未能按期整改的隐患	5 AR	1. 未制定安全生产费用使用计划,扣1分; 2. 安全生产费用使用计划内容缺失的,每缺一项扣0.5分; 3. 现场存在因安全生产投入不足导致未能按期整改的隐患,每处扣0.5分; 4. 未按照法律法规、标准规范要求和监管部门提出的安全措施进行投入的,每处扣0.5分	

续上表

评价类目	评价项目		释　　义	评价方法	标准分值	评价标准	得分
五、安全投入(40分)	2.费用管理	①企业应建立安全生产费用台账	《企业安全生产费用提取和使用管理办法》第三十六条规定:企业未按本办法提取和使用安全费用的,安全生产监督管理部门、煤矿安全监察机构和行业主管部门会同财政部门责令其限期改正,并依照相关法律法规进行处理、处罚。 为有效地管理安全生产专项经费的使用,保证专款专用,企业应建立安全费用使用台账,一方面便于管理部门的监督管理,一方面有利于安全生产投入的统计分析,为以后该项费用的提取及管理使用提供参考依据,更有效地改善安全生产条件	**查资料:** 1. 安全生产费用台账; 2. 财务支出证明或相关证明材料	5	1. 未建立安全生产费用台账,不得分; 2. 安全生产费用提取和使用台账、使用凭证不一致的,每处扣1分; 3. 财务系统或报表中未完整体现安全费用提取、使用、结余等归类统计管理的,扣2分	

续上表

评价类目	评价项目		释　　义	评价方法	标准分值	评价标准	得分
五、安全投入(40分)	2.费用管理	②企业应跟踪、监督安全生产费用使用情况。企业安全生产费用应按照“企业提取、政府监管、确保需要、规范使用”的原则进行管理	《企业安全生产费用提取和使用管理办法》第三十五条规定:各级财政部门、安全生产监督管理部门、煤矿安全监察机构和有关行业主管部门依法对企业安全生产费用提取、使用和管理进行监督检查。 企业应依据使用范围定期对安全生产费用使用情况进行监督检查,确保安全生产费用专款专用	**查资料:** 安全生产专项经费使用情况的监督检查(或审计)记录	5	1. 企业未定期对安全生产费用使用情况进行监督检查的,扣2分; 2. 企业无安全生产费用监督检查记录的,扣2分; 3. 监督检查中发现问题未采取有效整改措施的,每处扣1分	

续上表

评价类目	评价项目		释义	评价方法	标准分值	评价标准	得分
六、生产工艺与设备设施(150分)	1.一般要求	①企业应根据总平面布置、装卸/储存货种、吞吐量、储存方式等情况选择合适的符合规范要求的装卸、储存、过驳、扫线、伴热/保温、堆存、拆装箱等安全生产工艺	应根据企业实际情况确定各项生产工艺符合安全生产规范要求	**查资料:** 1.设计资料; 2.验收资料。 **询问:** 业务部门作业工艺	5 ★★	工艺设施应符合设计要求,并通过安全生产验收	
		②企业应按规定对建设项目的立项阶段、设计阶段和竣工验收阶段规范管理,确保建设项目安全设施与建设项目的主体工程同时设计、同时施工、同时投入生产和使用	企业对建设项目安全设施的管理应满足《中华人民共和国安全生产法》《港口危险货物安全管理规定》和《港口工程建设管理规定》的规定,以保证落实安全设施"三同时"的管理要求	**查资料:** 建设项目"三同时"管理资料。 **现场检查:** 安全设施"三同时"落实情况	5 AR	1.安全设施与设计资料不符,每处扣0.5分; 2.未对建设项目实施"三同时"管理的,不得分; 3."三同时"管理资料不完整,每处扣1分	

续上表

评价类目	评价项目		释　　义	评价方法	标准分值	评价标准	得分
六、生产工艺与设备设施（150分）	1. 一般要求	③企业应明确设备设施选型、购买、安装、验收、使用、维护、拆除、报废各个环节的管理要求，使用质量合格、符合设计要求的生产设备设施	企业应制定覆盖选型、购买、验收、安装、使用、维护、拆除、报废各个环节的设备设施管理制度。 企业应使用安全、质量合格、设计符合要求的生产设备设施	**查资料：** 1. 设备设施管理制度； 2. 设备设施台账	4	1. 未建立设备设施管理制度，不得分； 2. 管理制度不完善，每处扣1分； 3. 设备设施的安装、验收、拆除、报废等管理不符合要求，每处扣1分； 4. 在用港口设备设施超过设计使用年限，每台套扣2分	
		④企业应编制设备设施检测维修计划，建立设备设施点检/巡检卡，实行日常检查、定期检测与特殊检测相结合的管理模式，对出现的异常现象和故障及时处理，并保存记录	企业应编制设备设施综合检测维修计划，落实“五定”原则，定检测维修方案、定检测维修人员、定安全措施、定检测维修质量、定检测维修进度。 实行日常检查、定期检测及特殊检测相结合的管理模式，对出现的异常现象和故障及时处理，并保存记录	**查资料：** 1. 设备设施检测维修计划； 2. 设备设施检查记录； 3. 设备设施故障处理记录	4	1. 无检测维修计划，扣4分； 2. 检测维修计划不完整，每处扣1分； 3. 无检查记录，扣4分； 4. 检查记录不完整，每处扣1分； 5. 无故障处理记录，扣4分； 6. 故障处理记录不完整，每处扣1分	

续上表

评价类目	评价项目		释义	评价方法	标准分值	评价标准	得分
六、生产工艺与设备设施(150分)	1.一般要求	⑤设备设施检测维修前应制定检测维修方案	检测维修方案中应包括检测维修前、过程中及检测维修后的各项安全措施，其中检测维修前的安全措施应包括： ①进行危险有害因素识别、风险分析； ②办理工艺、设备设施检测维修手续； ③对风险控制措施进行确认； ④为检测维修作业人员配备适当的劳动保护用品； ⑤办理各种作业许可证； ⑥对检测维修现场进行安全检查	**查资料：** 1. 检测维修方案及评审记录； 2. 对检测维修人员进行交底的记录。 **询问：** 抽查3～15名检测维修人员获取检测维修方案的途径和方法	2	1. 设备设施无检测维修方案的，不得分； 2. 设备设施检测维修方案不完整，每处扣1分； 3. 未对检测维修人员进行交底，不得分； 4. 交底记录不完整，每处扣1分	

续上表

评价类目	评价项目		释义	评价方法	标准分值	评价标准	得分
六、生产工艺与设备设施(150分)	1.一般要求	⑥设备设施检测维修过程中应执行隐患控制措施并进行监督检查	该项是检测维修过程中的安全措施,设备设施检测维修后应办理检测维修交付使用手续	**查资料:** 1.检测维修过程风险识别及控制措施; 2.检测维修记录。 **询问:** 检测维修人员检测维修过程中应采取的安全管控措施。 **现场检查:** 检测维修活动中控制措施的执行情况	4	1.检测维修工作记录不完整,每处扣1分; 2.交付使用手续不完整,每处扣1分; 3.检测维修作业活动中未执行安全控制措施,不得分	
		⑦拆除作业前应制定拆除方案	拆除作业前作业负责人应与需拆除设备设施的主管部门、使用单位、安全管理部门共同到现场进行作业前交底,共同进行危险有害因素识别,制定拆除方案,拆除作业现场应严格遵守作业许可等有关规定	**查资料:** 1.拆除方案; 2.拆除作业记录	4	1.拆除作业前未制定拆除方案,不得分; 2.方案不完善,每处扣1分	

续上表

评价类目	评价项目		释义	评价方法	标准分值	评价标准	得分
六、生产工艺与设备设施（150分）	1. 一般要求	⑧应建立设备设施台账、档案	建立完善的台账、档案是对设备设施规范化管理的基本要求。台账包括企业所有设备设施基本信息，至少应包括类别、名称、出厂编号、参数、位置、责任人、购置日期、检测日期、维修日期、报废日期等相关信息。设备设施档案包括设备设施的合格证、说明书、维修书、检测报告、检查记录等相关文件	**查资料：** 1. 设备设施台账； 2. 设备设施档案	4	1. 未建立设备设施台账、档案，不得分； 2. 设备设施台账不完整，每处扣1分； 3. 设备设施档案不完整，每处扣1分	
	2. 工艺设备	①应配备符合相关安全规范和技术要求的设备，设备相关证书应齐全有效	工艺设备安全可靠是企业作业安全的必要条件。港口企业主要工艺设备的选型应与工程设计参数相符，应通过具备相应资质的厂商采购设备	**查资料：** 1. 工程设计资料； 2. 设备设施台账； 3. 设备设施档案	10 AR	1. 现有设备与设计、工艺要求不相符，每处扣1分； 2. 设备无合格证，每处扣1分	

续上表

评价类目	评价项目		释义	评价方法	标准分值	评价标准	得分
六、生产工艺与设备设施（150分）	2. 工艺设备	②应按规定对设备进行检查、维护、检验，检验证书应合法有效	该项是对工艺设备检查、维护和检验的基本要求，企业应制定对设备进行检查、维护和检验的管理要求，保存检查、维护和检验记录	**查资料：** 1. 设备检查、维护和检验的管理规定； 2. 设备检查、维护和检验记录	4	1. 未建立设备检查、维护和检验管理规定，不得分； 2. 管理规定不完善，每处扣1分； 3. 设备检查、维护记录不完整，每处扣1分； 4. 检验证书不在有效期内，每台设备扣1分	
	3. 港口设施	①企业应具备满足安全生产需要的建筑、场地、消防等设施，并符合相关安全规范和技术要求	港口经营所使用的建筑、场地、消防等设施均应通过竣工验收，能满足安全生产需要	**查资料：** 1. 安全评价资料； 2. 相关检验检测报告； **现场检查：** 主要建筑、场地、消防等设施	10 ★★	建筑、场地、消防等设施应满足安全生产需要	

续上表

评价类目	评价项目		释义	评价方法	标准分值	评价标准	得分
六、生产工艺与设备设施(150分)	3.港口设施	②企业应设立港口设施维护管理部门,并配备相应的专职人员	企业应建立港口设施维护管理制度,将港口设施安全使用的监督、检测与评定及维修职责落实至港口设施管理部门与专职人员	**查资料:** 港口设施维护人员职责。 **询问:** 港口设施维护管理人员职责履行情况	2	1.未明确港口设施维护管理部门,不得分; 2.未明确港口设施维护管理专职人员,扣1分; 3.未明确港口设施维护管理专职人员职责,扣1分	
		③企业应组织对港口设施的技术状态进行评估	企业应建立对港口设施技术状态进行评估的管理机制,依据《港口设施维护技术规范》(JTS 310—2013)对港口主要设施技术状态进行分类,并根据港口设施的技术状态进行维护,评估工作应保存记录	**查资料:** 1.港口设施技术状态评估制度; 2.港口设施台账; 3.港口设施技术状态评估工作记录	2	1.未建立港口设施技术状态评估制度,扣2分; 2.评估制度不完善,每处扣1分; 3.未对港口设施技术状态进行评估,或分类评估不完善,扣2分; 4.港口设施维护工作与其技术状态分类不符,每处扣1分	

续上表

评价类目	评价项目		释义	评价方法	标准分值	评价标准	得分
六、生产工艺与设备设施(150分)	3.港口设施	④企业应加强对港口设施的检查、检测、评估和维修,保持港口设施处于良好技术状态	该项是对港口设施管理的基本要求,企业应制定对港口设施进行检查、检测、评估的管理要求,并保存相关记录	**查资料:** 1. 港口设施检查、检测、评估和维修管理制度; 2. 港口设施检查、检测、评估和维修记录	2	1. 未建立对港口设施进行检查、检测、评估和维修的管理制度,不得分; 2. 制度不完善,每处扣1分; 3. 港口设施检查、检测、评估和维修记录不完善,每处扣1分; 4. 未根据检测和评估结果进行处置,每处扣1分	
		⑤企业应按照有关技术规范、标准的规定,对本企业的港口设施实施定期检查、定期测量观测、定期检测和特殊检测	定期检查、定期测量观测、定期检测和特殊检测等是掌握港口设施完好情况的基本技术手段,企业应制定制度并严格执行,应保存定期检测、观测的记录	**查资料:** 1. 港口设施定期检查、定期测量观测、定期检测和特殊检测制度; 2. 港口设施定期检查、定期测量观测记录	2	1. 未建立对港口设施根据分类进行定期检查、定期测量观测、定期检测和特殊检测的管理要求,扣1分; 2. 制度不完善,每处扣1分; 3. 港口设施定期检查、定期测量观测、定期检测和特殊检测记录不完整,每处扣1分	

续上表

评价类目	评价项目		释　义	评价方法	标准分值	评价标准	得分
六、生产工艺与设备设施(150分)	3.港口设施	⑥企业应制定港口设施维护计划、组织编制港口设施维护技术方案、组织实施港口设施维护工程	企业应根据港口设施的使用年限、特点、检测内容和技术状态分类制定港口设施维护计划,组织编制港口设施维护技术方案,组织实施港口设施维护工程	**查资料:** 1. 港口设施维护管理制度; 2. 港口设施维护计划、维护技术方案; 3. 维护工程记录	3	1. 未建立港口设施维护管理制度,扣2分; 2. 制度不完善,每处扣1分; 3. 港口设施维护计划、维护技术方案、维护工程记录不完整,每处扣1分	
		⑦企业应建立港口设施维护技术档案,档案应包括基础资料及维护管理资料	港口设施维护技术档案应包括下列内容: ①必要的工程原始资料及图样; ②进入运行维护期的港口设施初始状态资料; ③定期检查记录; ④定期测量观测、定期检测、特殊检测报告及记录; ⑤技术状态等级评定报告及记录;	**查资料:** 1. 港口设施维护技术档案管理制度; 2. 港口设施维护技术档案; 3. 港口设施维护技术档案归档、借阅、移交等记录	3	1. 未建立港口设施维护技术档案管理制度,扣2分; 2. 档案不完整,每处扣1分; 3. 档案归档、借阅、移交等记录不完整,每处扣1分	

续上表

评价类目	评价项目		释义	评价方法	标准分值	评价标准	得分
六、生产工艺与设备设施(150分)	3.港口设施		⑥维修设计和施工方案、施工和竣工验收资料等； ⑦其他专项检测、试验研究、验算和评定报告； ⑧特殊情况下的使用及检测记录； ⑨有关照片、影像资料； ⑩港区地形地貌、泥沙填淤和水深测量等资料； ⑪其他需要归档的资料				
		⑧企业应向上级主管部门上报港口设施维护管理相关信息、港口设施事故报告和港口设施大修和报废工作信息	企业应按规定向上级主管部门上报港口设施维护管理相关信息、港口设施事故报告和港口设施大修和报废工作信息	**查资料：** 企业上报记录	2	1. 未按要求进行上报的，不得分； 2. 上报未形成记录的，每处扣1分	

续上表

评价类目	评价项目		释义	评价方法	标准分值	评价标准	得分
六、生产工艺与设备设施(150分)	4.安全防护与控制设备	①应根据装卸、储存的危险货物的种类和危险特性，按照国家有关规定和标准，在作业场所设置相应的检测、监控、通风、防晒、调温、防火、灭火、防爆、泄压、防毒、中和、防潮、防雷、防静电、防腐、防泄漏、紧急疏散通道以及防护围堤或者隔离操作等安全设施、设备	应根据相关标准规范配备安全防护设施，如： ①按照《港口防雷与接地技术》(JT 556—2004)、《建筑物防雷设计规范》(GB 50057—2010)等的要求在港区安装防雷设施； ②按照《装卸油品码头防火设计规范》(JTJ 237—1999)、《建筑设计防火规范》(GB 50016—2014)、《建筑灭火器配置设计规范》(GB 50140—2005)等的要求配置消防设施与器材； ③按照《码头附属设施技术规范》(JTS 169—2017)的要求配置护舷等码头附属设施； ④按照《港口装卸机械风载荷计算及防风安全要求》(JT/T 90—2008)的规定为大型机械设置防风装置；	**查资料：** 1.安全防护与控制设备台账； 2.安全防护设备检验检测记录。 **现场检查：** 抽查安全防护与控制设备的配备情况	10 AR	1.未建立安全防护与控制设备台账，扣2分； 2.未按规定配备安全防护设备，每处扣2分； 3.无安全防护设备检验检测记录，每处扣1分； 4.安全防护设备不符合标准、规范要求，每处扣1分	

续上表

评价类目	评价项目		释义	评价方法	标准分值	评价标准	得分
六、生产工艺与设备设施(150分)	4.安全防护与控制设备		⑤根据《港口设施保安设备设施配置及技术要求》(JT/T 844—2012)的规定配置视频监控系统; ⑥装卸臂等装卸设备应根据《港口输油臂》(JT/T 398—2013)等规范的要求设置超限报警等安全装置; ⑦管道、压力容器等应根据相关规范要求设置压力监测装置和安全泄压装置; ⑧在可能产生可燃气体的工艺装置的区域内应按照《石油化工可燃气体和有毒气体检测报警设计规范》(GB 50493—2009)的规定设置可燃气体检测报警装置; ⑨港内有加油站、加气站的,应按相关标准配备相关安全设施等				

续上表

评价类目	评价项目		释义	评价方法	标准分值	评价标准	得分
六、生产工艺与设备设施(150分)	4.安全防护与控制设备	②应按规范要求设置装卸/储存工艺控制系统，应具备超限报警、紧急制动、防止误操作等安全防护功能	应按照《海港总体设计规范》(JTS 165—2013)、《液化天然气码头设计规范》(JTS 165-5—2016)、《装卸油品码头防火设计规范》(JTJ 237—1999)、《石油库设计规范》(GB 50074—2014)等的要求设置装卸/储存工艺控制系统，应具备超限报警、紧急制动、防止误操作等安全防护功能	**现场检查：** 装卸/储存工艺控制系统	5 AR	1.未设置装卸/储存工艺控制系统不得分； 2.装卸/储存工艺控制系统不具备超限报警、紧急制动、防止误操作等安全防护功能，每处扣1分	

续上表

评价类目	评价项目		释义	评价方法	标准分值	评价标准	得分
六、生产工艺与设备设施(150分)	4.安全防护与控制设备	③企业应按照规范设置宣传告示设备、安全警告标志、指示牌	企业应按照《码头附属设施技术规范》(JTS 169—2017)、《安全标志及其使用导则》(GB 2894—2008)、《工作场所职业病危害警示标识》(GBZ 158—2003)、《工业管道的基本识别色、识别符号和安全标识》(GB 7231—2003)、《港口危险货物集装箱堆场安全作业规程》(GB/T 36029—2018)等的规定,设置符合规定的安全警示标志,安全警示标志包括但不限于: ①可能产生严重职业危害作业岗位设置警示标识,同时设置告知牌,告知装卸、储存货种的特性参数、危险性、预防及应急救治措施等; ②阀门上设置明显的“开”“关”标志;	**查资料:** 宣传告示设备、安全警告标志、指示牌台账。 **现场检查:** 宣传告示设备、安全警告标志、指示牌设置情况	4	1. 无宣传告示设备、安全警告标志、指示牌台账,扣2分; 2. 现场宣传告示设备、安全警告标志、指示牌设置情况与台账不符,每处扣1分; 3. 安全标志标牌设置不防护规范要求,每处扣1分	

续上表

评价类目	评价项目		释　义	评价方法	标准分值	评价标准	得分
六、生产工艺与设备设施(150分)	4.安全防护与控制设备		③码头及较长的引桥上设置警示红灯； ④码头前沿设置禁止无关船舶停靠的标牌； ⑤道路、引桥设荷载、限速、限高、禁行等标志； ⑥人员撤离路线指示标志及临时集合点标志； ⑦设备检修时，相关电气闸刀上应有明显“维修中，禁止合闸”的标志； ⑧工业管道应设置识别色、识别符号和安全标识； ⑨设备设施检测维修、施工、吊装等作业现场设置警戒区域和警示标志，在检测维修现场的坑、井、洼、沟、陡坡等场所设置围栏和警示标志				

续上表

评价类目	评价项目		释义	评价方法	标准分值	评价标准	得分
六、生产工艺与设备设施(150分)	4.安全防护与控制设备	④应严格执行安全防护与控制设备管理制度,对设备进行经常性维保、检测,保证其能正常使用	企业应建立安全防护与控制设备管理制度,明确对设备维修、检测的管理要求,保证设备正常使用	**查资料:** 1.安全防护与控制设备管理制度; 2.安全防护设施维护检查记录; 3.安全防护与控制设备检验检测记录。 **现场检查:** 抽查安全防护设施的完好情况	3	1.无安全防护与控制设备管理制度,扣2分; 2.未进行定期检查和维护,每处扣1分; 3.无安全防护设施定期维护检查记录,每处扣1分; 4.已损坏或失效的安全防护与控制设备仍在使用,每处扣1分	
		⑤安全防护与控制设备应有专人负责管理,并应建立安全防护与控制设备台账	企业应将对安全防护与控制设备的管理责任落实到人,应建立安全防护与控制设备台账	**查资料:** 安全防护与控制设备管理人员职责。 **询问:** 安全防护与控制设备管理人员职责履行情况	5	1.未落实安全防护与控制设备管理职责,扣5分; 2.无安全防护设施台账,扣3分; 3.台账不完善,每处扣1分	

续上表

评价类目	评价项目		释　义	评价方法	标准分值	评价标准	得分
六、生产工艺与设备设施（150分）	5.特种、强检设备	①企业应指定专人对特种设备进行管理。特种设备投入使用前或者投入使用后30日内，企业应当向直辖市或者设区的市特种设备监督管理部门登记注册。登记标志应当置于或者附着于该特种设备的显著位置	企业应按照《中华人民共和国特种设备安全法》《特种设备安全监察条例》的要求，指定专人对特种设备进行管理，按规定登记注册，登记标志应当置于或者附着于该特种设备的显著位置	**查资料：** 1. 特种设备管理制度； 2. 特种设备管理台账和档案； 3. 特种设备检验报告。 **现场检查：** 特种设备登记标志张贴情况	10 AR	1. 未建立特种设备管理制度，扣1分； 2. 特种设备台账或档案不完整，每处扣0.5分； 3. 无特种设备检验报告或报告未在有效期内，每台扣1分； 4. 特种设备登记标志未置于或附着于特种设备显著位置的，每台扣0.5分	
		②企业应将使用的强检设备登记造册，报当地县（市）级人民政府计量行政部门备案，并向其指定的计量检定机构申请周期检定。不得使用未经检定或经检定不合格的强检设备	企业应按照《中华人民共和国强制检定的工作计量器具检定管理办法》对强检设备进行规范管理	**查资料：** 1. 强检设备管理台账； 2. 检定报告	4	1. 未建立强检设备台账，不得分； 2. 强检设备台账不完整，每处扣1分； 3. 强检设备超过检定周期，每台扣1分	

续上表

评价类目	评价项目		释义	评价方法	标准分值	评价标准	得分
六、生产工艺与设备设施(150分)	6.消防设备设施	①企业应按相关标准规范要求配备相应等级和危险类别的消防控制系统、火灾报警系统、消防给水系统、泡沫/干粉灭火系统等设备设施、器材,并设置消防安全标志	消防设备设施的配备应与消防设计、消防验收的要求相符,并按要求设置消防安全标志	**查资料:** 1.消防设计资料; 2.消防验收文件。 **现场检查:** 1.消防安全标志。 2.消防设备配备情况	10 AR	1.消防设备设施的配备与消防设计、消防验收文件不符,不得分; 2.现场消防设备配备与台账不符,每处扣1分; 3.消防安全标志不完善,每处扣0.5分	
		②企业应制定消防设备设施管理制度,消防设备设施应有专人负责,定期组织检查、维修,保存检验、维修记录,确保所有消防设备设施可靠、有效,随时可用	企业应制定消防设备设施管理制度,消防器材及设施应有专人负责,定期组织检验、维修。 企业应保存检验、维修记录,并确保所有消防器材及设施可靠、有效,随时可用	**查资料:** 1.消防设备设施管理制度; 2.消防器材维修、检测记录。 **现场检查:** 消防设备设施	5	1.未建立消防管理制度,扣2分; 2.未明确消防设备设施负责人,扣1分; 3.消防器材维修、检测记录不完善,每处扣1分; 4.现场配备的消防器材不符合标准规范要求,每处扣1分	

续上表

评价类目	评价项目		释义	评价方法	标准分值	评价标准	得分
六、生产工艺与设备设施(150分)	6.消防设备设施	③企业应保障消防通道畅通,消防通道应有明显的指示标志	企业应保障码头、堆场、仓库、建筑物、公共场所安全出口、疏散通道及消防通道畅通,消防通道应有明显的指示标志	**查资料:** 1.企业平面布置图; 2.应急疏散图。 **现场检查:** 消防通道	10 AR	1.企业无消防通道,不得分; 2.无企业平面布置图,扣1分; 3.企业无应急疏散图,扣1分; 4.企业消防通道不畅通,每处扣1分; 5.企业消防通道无明显指示标志,每处扣1分	
		④企业应建立消防设备设施台账	消防设备设施台账应包括企业所有消防设备设施基本信息,至少应包括类别、名称、编号、参数、位置、责任人、购置日期、检测日期、维护日期、报废日期等相关信息	**查资料:** 消防设备设施台账	5	1.未建立消防设备设施台账,不得分; 2.消防设备设施台账不完整,每处扣1分	

续上表

<table>
<tr><th>评价类目</th><th colspan="2">评价项目</th><th>释　义</th><th>评价方法</th><th>标准分值</th><th>评价标准</th><th>得分</th></tr>
<tr><td rowspan="2">六、生产工艺与设备设施(150分)</td><td rowspan="2">7.电气安全</td><td>①企业应按照国家相关法律法规规范码头电气安全管理,满足一、二级配电标准</td><td>企业应制定有关电气安全管理的制度或操作规程,如工作票/作业票两票管理制度、值班人员岗位责任制、交接班制度、巡视检查制度、倒闸操作等,并严格执行。
企业应定期对电气设备进行检查、维护和检验检测,确保电气设备配备齐全,并处于有效使用状态</td><td>查资料:
1. 有关电气安全管理的制度或操作规程;
2. 电气设备检查、维护和检验检测记录。
现场检查:
供配电系统及设备</td><td>3</td><td>1. 未制定有关电气安全管理的制度和操作规程,缺一项扣1分;
2. 制度或规程内容不完善,不具操作性,每处扣1分;
3. 电气设备检查、维护、检验检测记录不完整,每处扣0.5分;
4. 现场电气设备损坏,每处扣0.5分</td><td></td></tr>
<tr><td>②爆炸危险场所应根据爆炸危险区域的划分采用相应的符合要求的防爆电气设备</td><td>爆炸危险区域的划分应符合《爆炸危险环境电力装置设计规范》(GB 50058—2014),并根据划分爆炸危险区域的划分配备相应的防爆电气设备</td><td>查资料:
1. 爆炸危险区域划分图;
2. 防爆电气设备清单。
现场检查:
防爆电气设备</td><td>2</td><td>1. 未进行爆炸危险区域划分,不得分;
2. 未建立防爆电气设备清单,扣1分;
3. 未按照爆炸危险区域划分图配备相应等级的防爆电气设备,每处扣1分;
4. 现场检查防爆电气设备的配备与清单不符合,每处扣0.5分</td><td></td></tr>
</table>

续上表

评价类目	评价项目		释　义	评价方法	标准分值	评价标准	得分
六、生产工艺与设备设施(150分)	7.电气安全	③应定期对防爆电气设备配电系统的继电保护装置、设备的绝缘电阻、电缆的绝缘状况等进行检查，并保留检查记录，未经检查或检查不合格的防爆电气设备不得使用	企业应定期对防爆电气设备进行检查，并保存检查记录，保证防爆电气设备正常使用	**查资料：** 防爆电气设备检查记录。 **现场检查：** 防爆电气设备	2	1. 未定期对防爆电气设备配电系统的继电保护装置、设备的绝缘电阻、电缆的绝缘状况等进行检查，扣2分； 2. 未保留检查记录，每处扣1分； 3. 现场使用不合格的防爆电气设备，每处扣1分	
七、科技创新与信息化(35分)	1.科技创新及应用	①企业应使用先进的、安全性能可靠的新技术、新工艺、新设备和新材料，优先选购安全、高效、节能的先进设备	《中华人民共和国安全生产法》第十五条规定："国家鼓励和支持安全生产科学技术研究和安全生产先进技术的推广应用，提高安全生产水平"。 企业应加大安全生产的投入力度，淘汰技术落后的生产设施设备、购买本质安全型的设施设备。 企业应不断淘汰生产效率低下、能耗高的设施设备，引进高效、节能的设施、设备	**查资料：** 1. 新技术、新工艺、新设备和新材料管理制度； 2. 优先选购安全、高效、节能的先进设备的记录； 3. 设备台账	10	1. 未制定新技术、新工艺、新设备和新材料管理制度，扣2分； 2. 制度不完善，每处扣1分； 3. 未明确优先选购安全、高效、节能的先进设备的要求，扣2分；	

续上表

评价类目	评价项目		释义	评价方法	标准分值	评价标准	得分
七、科技创新与信息化（35分）	1.科技创新及应用					4. 企业使用的技术、工艺、设备和材料未考虑先进、安全、高效与节能要求，每处扣1分； 5. 现场使用淘汰类设备，每处扣2分	
		②企业应组织开展安全生产科技攻关或课题研究	科学技术是“第一生产力”，企业应加大安全生产科技研究投入，分析研究本企业存在的安全风险及安全防范技术难题，积极开展安全生产科技攻关或课题研究	**查资料：** 1. 安全生产科技创新管理制度； 2. 台账和档案，根据实际开展科技攻关或课题研究； 3. 成果（如外部评审资料、获奖证书、专利证书等） **现场检查：** 开展安全生产科技攻关或课题研究在实际中的应用及效果	10	1. 未建立安全生产科技创新管理制度，扣3分； 2. 未根据实际组织开展安全生产管理创新技术工作，不得分； 3. 无安全生产管理创新技术工作的相关资料，扣5分； 4. 资料不完整，每处扣1分； 5. 安全生产管理创新技术工作的成果未在安全生产实际中运用，扣5分	

续上表

评价类目	评价项目		释义	评价方法	标准分值	评价标准	得分
七、科技创新与信息化（35分）	1.科技创新及应用	③企业应设有安全生产管理系统或平台,利用现代科技手段,提升安全管理水平	企业应设有安全生产管理系统或平台,利用现代科技手段,提升安全管理水平	**现场检查：** 安全生产管理系统或平台	5	1.未设置安全生产管理系统或平台,不得分; 2.系统或平台不能正常使用,每处扣1分	
	2.科技信息化	①企业应根据企业实际情况开展科技信息化系统的建设	企业应根据实际情况,开展科技信息化系统的建设,如远程视频监控系统、货物堆存管理系统、设备管理系统、安全检查管理系统等,提高安全管理效率和管理水平	**现场检查：** 科技信息化系统的使用情况	5	1.未根据实际情况建立科技信息化系统,缺一项扣2分; 2.科技信息化系统不能够对企业安全生产活动、设备设施监控、生产业务管理等方面进行有效管理,每处扣2分; 3.系统不能正常使用,每处扣2分	

续上表

评价类目	评价项目		释义	评价方法	标准分值	评价标准	得分
七、科技创新与信息化（35分）	2.科技信息化	②应建立健全安全监管信息化软硬件设备安全管理制度，保证企业安全监管信息系统的安全	安全监管信息化软硬件设备的安全性和可靠性至关重要，应针对这类设备的采购、验收、安装、使用（如权限设置）、检查、维护等制定管理制度	**查资料：** 1. 安全监管信息化软硬件设备安全管理制度； 2. 安全监管信息化软硬件设备维护记录/档案。 **现场检查：** 安全监管信息化系统及设备	5	1. 未制定安全监管信息化软硬件设备安全管理制度，不得分； 2. 无安全监管信息化软硬件设备维护记录/档案，扣3分； 3. 档案不完整，每处扣1分； 4. 安全监管信息化系统及设备不能正常运行，每处扣2分	

续上表

评价类目	评价项目		释　义	评价方法	标准分值	评价标准	得分
八、教育培训（100分）	1.培训管理	①企业应按规定开展安全教育培训，明确安全教育培训目标、内容和要求，定期识别安全教育培训需求，制定并实施安全教育培训计划	企业应确定安全教育培训主管部门，按规定及岗位需要，定期识别安全教育培训需求，制定、实施安全教育培训计划，提供相应的资源保证。 《中华人民共和国安全生产法》第十八条规定：生产经营单位的主要负责人对本单位安全生产工作负有下列职责：(三)组织制定并实施本单位安全生产教育和培训计划	**查资料：** 1. 安全教育培训制度； 2. 安全教育培训需求识别、汇总及分析记录； 3. 安全教育培训计划	5	1. 未制定安全教育培训制度，扣3分； 2. 安全教育培训制度内容未明确培训主管部门、培训需求和培训计划的制定等，每处扣1分； 3. 未定期识别培训需求，扣2分； 4. 未根据培训需求制定培训计划，明确培训目标、培训要求的，每处扣1分； 5. 培训计划未涵盖法律法规要求，不具有操作性的，每处扣1分	

续上表

评价类目	评价项目		释义	评价方法	标准分值	评价标准	得分
八、教育培训(100分)	1. 培训管理	②企业应组织安全教育培训,保证安全教育培训所需人员、资金和设施	《安全生产培训管理办法》第十条规定:生产经营单位应当建立安全培训管理制度,保障从业人员安全培训所需经费,对从业人员进行与其所从事岗位相应的安全教育培训; 《生产经营单位安全培训规定》第二十一条规定:生产经营单位应当将安全培训工作纳入本单位年度工作计划。保证本单位安全培训工作所需资金	**查资料:** 1. 培训记录; 2. 教育培训经费使用计划。 **现场检查:** 询问3~15名现场作业岗位和生产经营管理人员接受安全教育的情况	5	1. 未按培训计划开展安全教育培训的,每处(或人)扣1分; 2. 培训所需的必要人员、资金和设施未得到保证的,每处扣1分; 3. 现场询问从业人员未参加培训的,每人次扣1分	

续上表

评价类目	评价项目		释义	评价方法	标准分值	评价标准	得分
八、教育培训(100分)	1. 培训管理	③企业应做好安全教育培训记录,建立从业人员安全教育培训档案	《生产经营单位安全培训规定》第二十二条规定:生产经营单位应当建立健全从业人员安全生产教育和培训档案,由生产经营单位的安全生产管理机构以及安全生产管理人员详细、准确记录培训的时间、内容、参加人员以及考核结果等情况	**查资料:** 1. 培训记录; 2. 从业人员安全教育培训档案	10 AR	1. 未建立安全教育培训记录,每次扣1分; 2. 未建立从业人员安全教育培训档案,不得分; 3. 从业人员安全教育培训档案缺失,每人次扣1分	
		④企业应组织对培训效果进行评估,改进提高培训质量	为了更好地落实实施继续教育培训计划,企业应在每次教育培训结束后,对培训效果进行评审,以便及时发现培训过程中存在的问题,制定解决或优化方案,调整培训计划,改进提高培训教育质量	**查资料:** 1. 培训效果评估记录; 2. 改进措施	5	1. 未进行培训效果评估,扣3分; 2. 未提出改进措施并实施,扣2分	

续上表

评价类目	评价项目		释义	评价方法	标准分值	评价标准	得分
八、教育培训（100分）	2.资格培训	①企业的特种设备作业人员应按有关规定参加安全教育培训，取得《特种设备作业人员证》后，方可从事相应的特种设备作业或者管理工作，并按规定定期进行复审	《特种设备作业人员监督管理办法》第二条规定：锅炉、压力容器（含气瓶）、压力管道、电梯、起重机械、客运索道、大型游乐设施、场（厂）内机动车辆等特种设备的作业人员及其相关管理人员统称特种设备作业人员。从事特种设备作业的人员应当按照本办法的规定，经考核合格取得《特种设备作业人员证》，方可从事相应的作业或者管理工作。 《特种设备作业人员监督管理办法》第二十二条规定：《特种设备作业人员证》每4年复审一次。持证人员应当在复审期满3个月前，向发证部门提出复审申请。复审合格的，由发证部门在证书正本上签章。对在2年内无违规、违法等不良记录，并按时参加安全培训的，应当按照有关安全技术规范的规定延长复审期限。	**查资料：** 1.特种设备作业人员台账； 2.资格证书	10 ★★	1.应建立特种设备作业人员台账； 2.台账内容应完整（内容包括岗位、姓名、特种设备作业人员证编号、初次取证时间、复审时间、有效期等）； 3.特种设备作业人员应取得《特种设备作业人员证》，并定期复审	

续上表

评价类目	评价项目		释义	评价方法	标准分值	评价标准	得分
八、教育培训(100分)	2.资格培训		复审不合格的应当重新参加考试。逾期未申请复审或考试不合格的,其《特种设备作业人员证》予以注销。 跨地区从业的特种设备作业人员,可以向从业所在地的发证部门申请复审				
		②企业的特种作业人员应经专门的安全技术培训并考核合格,取得《中华人民共和国特种作业操作证》后,方可上岗作业,并按规定定期进行复审。离开特种作业岗位6个月以上的特种作业人员,应重新进行实际操作考试,经确认合格后方可上岗作业	《中华人民共和国安全生产法》第二十七条规定:生产经营单位的特种作业人员必须按照国家有关规定经专门的安全作业培训,取得相应资格,方可上岗作业。 特种作业人员的范围由国务院安全生产监督管理部门会同国务院有关部门确定	**查资料:** 1. 特种作业人员台账; 2.《中华人民共和国特种作业操作证》	10 AR	1. 未建立特种作业人员台账的,不得分; 2. 台账中每缺1人扣1分; 3. 台账内容不完整(内容包括特种作业工种、姓名、特种作业操作证书编号、初次取证时间、复审时间、有效期等),每处扣1分;	

续上表

评价类目	评价项目		释义	评价方法	标准分值	评价标准	得分
八、教育培训(100分)	2.资格培训					4.特种作业人员未取得《中华人民共和国特种作业操作证》或到期未复审的,每人扣1分; 5.离开特种作业岗位6个月以上的特种作业人员,未重新进行实际操作考试,经确认合格后上岗作业的每人扣1分	
		③主要负责人和安全管理人员应接受安全培训,并取得安全资格证书	《生产经营单位安全培训规定》第九条规定:生产经营单位主要负责人和安全生产管理人员初次安全培训时间不得少于32学时。每年再培训时间不得少于12学时。 煤矿、非煤矿山、危险化学品、烟花爆竹、金属冶炼等生产经营单位主要负责人和安全生产管理人员初次安全培训时间不得少于48学时,每年再培训时间不得少于16学时。	**查资料:** 主要负责人和安全管理人员安全资格证书	3 ★★	主要负责人和安全管理人员应经过培训,并取得安全资格证书	

续上表

评价类目	评价项目		释　义	评价方法	标准分值	评价标准	得分
八、教育培训（100分）	2.资格培训		《危险货物水路运输从业人员考核和从业资格管理规定》第六条规定：港口危货储存单位主要安全管理人员应当按照《中华人民共和国安全生产法》的规定，经安全生产知识和管理能力考核合格				
		④装卸管理人员、申报员、检查员应经过专门的培训并考核合格，具备相应从业条件，取得相应种类的《危险化学品水路运输从业资格证书》，方可从事相应的作业	《危险货物水路运输从业人员考核和从业资格管理规定》第十二条规定：装卸管理人员、申报员、检查员应当按照本规定经考核合格，具备相应从业条件，取得相应种类的《危险化学品水路运输从业资格证书》，方可从事相应的作业	**查资料：** 1. 危险化学品水路运输从业人员台账； 2.《危险化学品水路运输从业资格证书》	2 ★★	装卸管理人员、申报员、检查员应经过培训合格，并取得《危险化学品水路运输从业资格证书》	

续上表

评价类目	评价项目		释义	评价方法	标准分值	评价标准	得分
八、教育培训(100分)	3.宣传教育	企业应组织开展安全生产的法律、法规和安全生产知识的宣传、教育	企业应将安全生产法律法规的培训学习要求,纳入企业制定的安全学习培训制度中,将适用的安全生产法律法规、标准规范及其他要求及时传达给从业人员。企业应对新的重要的法律法规进行专门培训,并对学习情况进行考核	**查资料:** 安全生产法律法规、标准及其他要求宣传、培训记录资料。 **询问:** 询问3~15名从业人员接受安全生产的法律、法规和安全生产知识的宣传、教育情况	5	1. 无安全生产法律法规、和安全生产知识的宣传、培训记录(培训通知、培训签到表、培训记录表、培训效果评估),每处扣1分; 2. 从业人员不熟悉本岗位适用的安全生产法律法规、标准及其他要求的,每人扣1分	

续上表

评价类目	评价项目		释义	评价方法	标准分值	评价标准	得分
八、教育培训(100分)	4.从业人员培训	①未经安全生产培训合格的从业人员,不得上岗作业	《中华人民共和国安全生产法》第二十五条规定:生产经营单位应当对从业人员进行安全生产教育和培训,保证从业人员具备必要的安全生产知识,熟悉有关的安全生产规章制度和安全操作规程,掌握本岗位的安全操作技能,了解事故应急处理措施,知悉自身在安全生产方面的权利和义务。未经安全生产教育和培训合格的从业人员,不得上岗作业。 《中华人民共和国安全生产法》第二十四条规定:生产经营单位的主要负责人和安全生产管理人员必须具备与本单位所从事的生产经营活动相应的安全生产知识和管理能力	**查资料:** 从业人员上岗前安全教育培训记录。 **询问:** 询问3~15名从业人员岗位安全生产知识的掌握情况	5	1. 人员未经培训合格上岗作业的,每人次扣1分; 2. 从业人员未掌握与本岗位有关的安全生产知识的,每人次扣2分	

续上表

评价类目	评价项目		释义	评价方法	标准分值	评价标准	得分
八、教育培训（100分）	4. 从业人员培训	②从业人员应每年接受再培训，培训时间不得少于规定学时	《中华人民共和国安全生产法》第二十五条规定：生产经营单位应当对从业人员进行安全生产教育和培训，保证从业人员具备必要的安全生产知识，熟悉有关的安全生产规章制度和安全操作规程，掌握本岗位的安全操作技能。未经安全生产教育和培训合格的从业人员，不得上岗作业	**查资料：** 从业人员年度再培训记录	5	1. 未组织从业人员进行年度再培训的，扣2分； 2. 从业人员年度再培训不满足规定学时要求的，每人次扣1分	
		③对离岗一年重新上岗、转换工作岗位的人员，应进行岗前培训。培训内容应包括安全法律法规、安全管理制度、岗位操作规程、风险和危害告知等，与新岗位安全生产要求相符合	《生产经营单位安全培训规定》规定：从业人员在生产经营单位内调整工作岗位或离岗一年以上重新上岗时，应当重新接受车间（工段、区、队）和班组级的安全培训	**查资料：** 对调整工作岗位或离岗一年以上重新上岗的人员，进行岗前安全培训记录	5	对调整工作岗位或离岗一年以上重新上岗的人员，未进行岗前安全培训教育，每人次扣2分	

续上表

评价类目	评价项目		释义	评价方法	标准分值	评价标准	得分
八、教育培训(100分)	4.从业人员培训	④应对新员工进行三级安全教育培训,经考核合格后,方可上岗。培训时间不得少于规定学时	《生产经营单位安全培训规定》第十二条规定:加工、制造业等生产单位的其他从业人员,在上岗前必须经过厂(矿)、车间(工段、区、队)、班组三级安全培训教育。 生产经营单位应当根据工作性质对其他从业人员进行安全培训,保证其具备本岗位安全操作、应急处置等知识和技能。 《生产经营单位安全培训规定》第十三条规定:生产经营单位新上岗的从业人员,岗前安全培训时间不得少于24学时。 煤矿、非煤矿山、危险化学品、烟花爆竹、金属冶炼等生产经营单位新上岗的从业人员安全培训时间不得少于72学时,每年再培训的时间不得少于20学时	**查资料:** 1.员工名册,必要时抽查劳动合同; 2.新员工的三级安全教育培训记录; 3.三级安全教育培训考核记录	10 AR	1.未对新员工进行三级安全教育培训的,每人次扣1分; 2.三级安全教育培训考核不合格上岗的,每人次扣1分; 3.三级安全教育培训学时不满足规定学时的,每人次扣1分	

续上表

评价类目	评价项目		释义	评价方法	标准分值	评价标准	得分
八、教育培训(100分)	4.从业人员培训	⑤企业使用被派遣劳动者的，应纳入本企业从业人员统一管理，进行岗位安全操作规程和安全操作技能的教育和培训	《中华人民共和国安全生产法》第二十五条规定：生产经营单位使用被派遣劳动者的，应当将被派遣劳动者纳入本单位从业人员统一管理，对被派遣劳动者进行岗位安全操作规程和安全操作技能的教育和培训。劳务派遣单位应当对被派遣劳动者进行必要的安全生产教育和培训	**查资料：** 1. 劳务派遣人员名单； 2. 安全教育培训记录	5	劳务派遣人员未进行岗位安全操作规程和安全操作技能教育和培训的，每人次扣1分	
		⑥应在新技术、新设备投入使用前，对管理和操作人员进行专项培训	《中华人民共和国安全生产法》第二十六条规定：生产经营单位采用新工艺、新技术、新材料或者使用新设备，必须了解、掌握其安全技术特性，采取有效的安全防护措施，并对从业人员进行专门的安全生产教育和培训	**查资料：** 1. 新技术、新设备投入使用资料； 2. 专项培训记录。 **询问：** 现场询问3～15名从业人员参加新技术、新设备培训情况	5	1. 新技术、新设备投入使用前，未对管理和操作人员进行专项培训的，每人次扣2分； 2. 专项培训记录档案资料不完整，每处扣1分； 3. 从业人员不清楚新技术、新设备等的操作要求，每人次扣1分	

续上表

评价类目	评价项目		释　　义	评价方法	标准分值	评价标准	得分
八、教育培训（100分）	4. 从业人员培训	⑦企业应对相关方进港作业人员进行进港安全教育，发放临时进港证，保存安全教育记录	相关方，是与企业的安全绩效相关联或受其影响的团体或个人。港口企业常见的相关方包括外来施工单位、设备维修单位等，为保证作业安全，在相关方作业人员进港前，必须经过安全教育，取得临时进港证后方可进港作业	**查资料：** 1. 安全教育培训管理制度； 2. 相关方作业人员名单； 3. 相关方作业人员培训记录/档案	3	1. 未制定相关方人员进港培训相关管理规定，扣2分； 2. 相关方人员未经培训进港作业的，每人扣1分； 3. 未保留培训记录的，扣2分； 4. 培训记录不完整，每处扣1分	
		⑧企业应告知外来参观、学习等人员遵守进港有关安全规定及安全注意事项	《生产经营单位安全培训规定》第四条规定：生产经营单位接收中等职业学校、高等学校学生实习的，应当对实习学生进行相应的安全生产教育和培训，提供必要的劳动防护用品。学校应当协助生产经营单位对实习学生进行安全生产教育和培训	**查资料：** 1. 有关外来参观、学习等人员安全教育培训管理制度； 2. 外来参观、学习人员的进港培训或告知记录	2	1. 未制定外来参观、学习等人员安全教育培训管理制度扣2分； 2. 外来参观、学习人员的进港未经过培训或告知，或培训告知记录不完整的，每人扣1分	

续上表

评价类目	评价项目	释义	评价方法	标准分值	评价标准	得分
八、教育培训（100分）	5. 规范档案　企业应当建立安全生产教育和培训档案，如实记录安全生产教育和培训的时间、内容、参加人员以及考核结果等情况	《中华人民共和国安全生产法》第二十五条规定：生产经营单位应当建立安全生产教育和培训档案，如实记录安全生产教育和培训的时间、内容、参加人员以及考核结果等情况	**查资料：** 安全教育培训档案。 **询问：** 询问3～15名从业人员接受安全教育培训情况	5	1. 安全教育培训档案不完整的（包括培训时间、培训内容、主讲人、参加人员、考核结果、人员签字等），每处扣1分； 2. 从业人员不清楚近期参加安全培训的项目及主要内容，每人次扣1分	
九、作业管理（155分）	1. 一般要求　①作业现场与周边设施的距离应符合相关规定	装卸作业现场与周边设施（如周边企业、道路等）的距离应满足《海港总体设计规范》（JTS 165—2013）、《石油库设计规范》（GB 50074—2014）、《建筑设计防火规范》（GB 50016—2014）等标准规范的要求	**查资料：** 1. 相关设计文件； 2. 安全评价报告。 **现场检查：** 重点区域及场所安全距离	5 ★★	装卸作业现场与周边设施（如周边企业、建筑物、道路、居民区等）的安全距离应满足法规和标准规范的要求	

续上表

评价类目	评价项目		释义	评价方法	标准分值	评价标准	得分
九、作业管理(155分)	1.一般要求	②企业应严格执行操作规程和安全生产作业规定，不得违章指挥、违章操作、违反劳动纪律	对于严格执行操作规程和安全生产作业的规定，在标准化评价设置上最终落到了“严禁违章指挥、违章操作、违反劳动纪律”即反“三违”；反“三违”是遏制事故的重要措施，企业可根据自身的实际情况开展，既可融入日常安全生产管理中实施，也可开展反“三违”专项活动，并对发现的问题及时纠正，要留有相关记录	**查资料：** 1. 对安全生产管理制度、操作规程等执行情况进行检查的记录； 2. 对检查中发现的问题及时处理和纠正记录。 **现场检查：** 现场作业人员是否存在“三违”现象	10	1. 未对安全生产管理制度、操作规程等的执行情况进行检查，不得分； 2. 未对检查中发现的问题及时处理和纠正的，每次扣2分； 3. 作业现场发现有“三违”现象，一人次扣2分	
		③企业应具有与经营规模、范围相适应的专业技术人员、管理人员和操作人员	企业应根据经营规模和范围的要求配备专业技术人员、管理人员和操作人员	**查资料：** 专业技术人员、管理人员、操作人员名册	5	1. 未提供人员名册，扣2分； 2. 专业技术人员、管理人员的配备与企业的经营规模、范围不相适应，每缺少1人扣2分	

续上表

评价类目	评价项目		释义	评价方法	标准分值	评价标准	得分
九、作业管理(155分)	1.一般要求	④在下达生产任务的同时,布置安全生产工作要求,管理人员应按照有关规定合理安排作业区域、机械设备、作业人员和作业时间,不得超能力、超强度、超定员作业	企业应制定在下达生产任务的同时,布置安全工作要求的规定,要求管理人员应按照有关规定合理安排作业区域、机械设备、作业人员和作业时间,不得超能力、超强度、超定员作业	**查资料:** 1. 下达生产任务的同时,布置安全工作要求的规定; 2. 下达生产任务的书面文件。 **询问:** 询问3~15名从业人员作业情况。 **现场检查:** 作业安排情况	10	1. 未建立下达生产任务同时布置安全工作要求的规定,扣5分; 2. 下达生产任务未同时布置安全要求,每次扣2分; 3. 安全措施与作业货种、作业要求不相符,每处扣2分; 4. 现场存在超能力、超强度、超定员作业,每处扣2分	
		⑤应按装卸货物种类,制定作业指导书,作业指导书应包含操作规程	对非企业常规作业的危险货物货种,应在装卸储运作业前制定作业指导书,作业指导书应包括操作规程	**查资料:** 1. 装卸货物种类清单; 2. 非常规作业的危险货物装卸储运作业指导书	5	1. 未按装卸货物种类,制定作业指导书,每缺一类扣2分; 2. 作业指导书不完善,每处扣1分	

续上表

评价类目	评价项目		释　　义	评价方法	标准分值	评价标准	得分
九、作业管理（155分）	1.一般要求	⑥企业应制定危险作业的安全监督管理制度，明确责任部门、人员、许可范围、审批程序、许可签发人员等	针对危险作业，企业应制定安全监督管理制度，制度应明确责任部门、人员、许可范围、审批程序、许可签发人员等。 危险作业包括： ①危险区域动火作业； ②进入受限空间作业； ③破土作业； ④临时用电作业； ⑤高处作业； ⑥断路作业； ⑦吊装作业； ⑧抽堵盲板作业； ⑨设备检修作业； ⑩其他危险作业	**查资料：** 危险作业安全管理制度	5	1. 未制定危险作业安全管理制度，不得分； 2. 管理要求每缺一项危险作业，扣2分； 3. 制度中责任部门、人员、许可范围、审批程序等不明确，每处扣1分	

续上表

评价类目	评价项目		释义	评价方法	标准分值	评价标准	得分
九、作业管理（155分）	1. 一般要求	⑦企业应严格履行作业许可审批手续，作业许可应包含安全风险分析、安全及职业病危害防护措施、应急处置等内容。作业许可实行闭环管理	严格执行危险作业管理制度，作业前，严格履行作业许可审批手续，作业许可中应包括危险、有害因素分析和安全措施内容，作业后，对作业许可完成进行签字确认，实行作业许可的闭环管理	**查资料：** 1. 危险作业台账/清单； 2. 危险作业许可； 3. 危险作业记录； 4. 与危险作业有关的检测、监测记录	5	1. 无危险作业记录台账/清单，扣2分； 2. 台账/清单不完整，每处扣1分； 3. 未按规定执行危险作业许可程序，扣5分； 4. 许可事项、签字不完整，每处扣1分； 5. 作业许可中无危险、有害因素识别和安全措施内容，每处扣2分； 6. 未进行相应检测、监测并记录的，每处扣1分； 7. 作业结束后，未对作业许可完成进行确认的，扣2分	

续上表

评价类目	评价项目		释义	评价方法	标准分值	评价标准	得分
九、作业管理(155分)	1. 一般要求	⑧企业应指定专人对危险作业进行现场管理,严格执行巡回检查制度	港口危险作业应明确现场管理人员,指定专人进行现场管理,落实安全措施,确保安全	**查资料:** 危险作业现场管理检查记录。 **现场检查:** 危险作业现场是否指定专人进行管理	5	1. 制度中未规定专人进行危险作业现场管理,扣2分; 2. 现场检查,危险作业现场无专人管理,不得分; 3. 无危险作业专人管理、检查记录,不得分; 4. 管理、检查记录不完整,每处扣1分	
		⑨作业人员应了解装卸货种的危险有害特性及储存温度、管道安全流速、最高允许压力、储罐的安全液位、堆存要求等信息	作业人员应了解装卸货种的危险有害特性及储存温度、管道安全流速、最高允许压力、储罐的安全液位、堆存要求等信息	**询问:** 抽查3~15名相关作业人员,是否了解装卸货种的特性、装卸/储存温度、管道安全流速、最高允许压力、堆存要求等信息	5	从业人员未掌握装卸货种的特性、装卸/储存温度、管道安全流速、最高允许压力、堆存要求等信息,每人次扣1分	

续上表

评价类目	评价项目		释义	评价方法	标准分值	评价标准	得分
九、作业管理(155分)	1.一般要求	⑩作业场所及设施设备应采用可靠的防雷和防静电接地措施	装卸人员在易燃液体作业前应消除人体静电，穿戴好防静电服装，作业时必须使用防爆工具及照明设备，接触钢铁设备时严禁敲打和撞击。 拆、装易燃易爆危险货物集装箱时，禁止穿带铁掌、铁钉鞋和易产生静电的工作服。 作业现场应按规范和操作规程的要求进行静电跨接	**现场查看：** 1. 作业人员着装及使用的工属具； 2. 作业现场是否进行静电跨接	2	1. 作业人员着装及使用的工属具不符合要求，每人扣1分； 2. 作业现场未按规定进行静电跨接，每处扣1分	
		⑪货物堆放、存储与运输应符合相关安全规范和技术要求	企业货物堆放、存储与运输的现场作业情况应符合相关规范和技术要求	**查资料：** 1. 作业指导书/操作规程； 2. 货物安全技术说明书。 **现场检查：** 堆放、存储与运输情况	5	1. 作业指导书/操作规程未明确货物堆放、存储、运输要求，不得分；每缺少一项，扣2分； 2. 每缺少一种货物的安全技术说明书或安全标签等，扣1分； 3. 现场检查货物堆放、存储与运输不符合安全规范和技术要求，每处扣2分	

续上表

评价类目	评价项目		释　义	评价方法	标准分值	评价标准	得分
九、作业管理(155分)	1.一般要求	⑫企业应按规定开展防火检查和防火巡查工作	企业应制定开展防火检查的规定,并按规定开展防火检查和防火巡查,并留有记录	**查资料:** 1. 防火检查管理规定; 2. 防火检查和防火巡查记录	3	1. 未制定防火检查管理规定,扣2分; 2. 未按规定开展防火检查和防火巡查,每处扣2分; 3. 未建立防火检查和防火巡查记录,扣2分; 4. 巡查记录不完整,每处扣1分	
		⑬企业应建立装卸工作台账,并规范填写	企业应建立完善装卸工作台账,并督促现场工作人员认真做好记录	**查资料:** 装卸、存储作业台账	5	1. 未建立装卸和存储作业台账,不得分; 2. 台账填写不规范,每处扣1分	

续上表

评价类目	评价项目		释义	评价方法	标准分值	评价标准	得分
九、作业管理（155分）	2. 作业流程	①作业前应向港口主管机关进行申报，应当划定作业区域，明确责任人并实行封闭式管理。作业区域应当设置明显标志，无关人员不得进入，无关船舶不得停靠，并进行安全条件确认	危险货物港口装卸、过驳作业开始24h前，应将作业委托人，以及危险货物品名、数量、理化性质、作业地点和时间、安全防范措施等事项向所在地港口行政管理部门申报； 作业前，应当划定作业区域，明确责任人并实行封闭式管理，作业区域应当设置明显标志，无关人员不得进入，无关船舶不得停靠； 作业前应进行安全条件确认，如液体散货码头在装卸作业前应对装卸货种、船舶和储罐的拟装容积、作业计划灌装量、检查装卸/储存设备的技术状况、各静电接地装置等进行确认，未经确认前，不得开始作业	**查资料：** 1. 作业区域管理职责； 2. 作业前申报记录； 3. 作业前安全条件确认记录。 **现场检查：** 1. 作业区域； 2. 作业区域标识。 **询问：** 1. 抽查3～15名作业人员作业前进行安全条件确认情况； 2. 无关人员进入、无关船舶停靠情况	10	1. 未明确作业区管理职责，扣2分； 2. 作业区未实行封闭式管理，扣5分； 3. 作业区无明显标志，扣5分；标志不完整、清晰，每处扣1分； 4. 未申报或主管部门未同意就进行作业的，不得分； 5. 作业前，未进行安全条件确认，每次扣5分； 6. 无作业前确认记录，每缺少一次扣2分； 7. 作业人员不清楚作业前进行安全条件确认要求，每人次扣1分； 8. 现场检查，有无关人员进入、无关船舶停靠，每处扣5分	

续上表

评价类目	评价项目		释　义	评价方法	标准分值	评价标准	得分
九、作业管理(155分)	2. 作业流程	②应严格执行船岸检查制度,认真落实《船岸安全检查表》的要求,并按协商好的装卸程序进行作业	应严格执行船岸检查制度,认真落实《船岸安全检查表》的要求,并按装卸程序进行作业	**查资料:** 1. 船岸检查制度; 2. 船岸检查表。 **现场检查:** 装卸作业现场	5	1. 未制定船岸检查制度,扣2分; 2. 作业前,未按《船岸安全检查表》进行现场安全检查、确认,每次扣2分; 3. 检查出的不合格项未及时整改或未制定防范措施,每处扣1分; 4. 作业现场无《船岸安全检查表》,每处扣2分	
		③作业过程中应根据规范要求进行操作	作业过程中,从业人员应根据规范和操作规程的要求进行操作	**现场检查:** 从业人员执行操作规程情况	5	作业过程中未根据规范或操作规程的要求进行操作,每处扣2分	

续上表

评价类目	评价项目		释义	评价方法	标准分值	评价标准	得分
九、作业管理(155分)	2.作业流程	④作业结束后相关作业设备设施应恢复原状，工属具等应放在规定位置	作业结束后相关作业设备设施应恢复原状，工属具等应放在规定位置	**现场检查：** 现场作业设备设施及工属具	5	作业后，现场相关作业设备设施未恢复原状，或工属具等未放在指定位置，每处扣2分	
		⑤液体化工品装卸/储存结束后，应保证足够的静电置放时间	液体散货码头企业应制定有关液体散货码头装卸作业结束后的静电置放时间的制度，并严格执行	**查资料：** 检查确认记录； **现场检查：** 作业情况	3	1.液体散货装卸结束后未保证足够的静电置放时间，不得分； 2.缺少检查确认记录，每次扣1分； 3.作业人员未按要求操作，每人次扣1分	

续上表

评价类目	评价项目		释义	评价方法	标准分值	评价标准	得分
九、作业管理（155 分）	2. 作业流程	⑥应严格执行危险货物储存、出入库安全管理制度，按照相关技术标准规定的储存方法、储存数量和安全距离，实行隔离、隔开、分离储存，危险货物与禁忌物品不得混合储存；危险货物专用仓库应符合相关技术标准对安全、消防的要求，设置明显标志，并由专人管理；危险货物出入库应当进行核查登记，并定期检查。不得储存没有安全技术说明书和安全标签的危险货物	企业应制定危险化学品储存、出入库安全管理制度，明确储存方法、储存数量和安全距离； 危险货物仓库应实行隔离、隔开、分离储存，危险化学品与禁忌物品不得混合储存；不得储存没有安全技术说明书和安全标签的危险货物。 危险货物仓库应由专人管理	**查资料：** 1. 危险货物出入库管理制度及操作规程； 2. 危险货物出入库检查验收和登记记录。 **现场检查：** 危险货物仓库	5	1. 未制定危险货物出入库管理制度及操作规程，不得分； 2. 无危险货物出入库检查验收和登记记录，不得分；记录不完整，每处扣 1 分； 3. 未按规定实行危险货物的隔离、隔开、分离储存，每处扣 1 分； 4. 现场存储无安全技术说明书和安全标签，每处扣 1 分	

续上表

评价类目	评价项目		释义	评价方法	标准分值	评价标准	得分
九、作业管理(155分)	2.作业流程	⑦进入装卸区、危险品集装箱堆场、危险品箱拆装箱库、危险货物滚装汽车待渡场、散装或包装危险货物堆场/仓库的机动车辆应办理相关手续,按指定路线行驶。进入石油化工码头装卸区的机动车辆还应配带标准阻火器	企业应明确相关规定,并严格执行	**查资料:** 1. 机动车辆进出装卸区等危险场所管理规定; 2. 进入装卸区等危险场所的机动车辆办理手续的记录。 **现场检查:** 装卸区等危险场所车辆进出、行驶及配带标准阻火器情况	2	1. 未制定机动车辆进出装卸区等危险场所管理规定,不得分; 2. 进入装卸区等危险场所的机动车辆未办理相关手续,每辆车扣0.5分; 3. 进入装卸区等危险场所机动车辆未配带阻火器,每辆车扣0.5分; 4. 现场无机动车行驶路线及停车点,每处扣0.5分; 5. 机动车未按规定行驶、停车,每辆车扣0.5分	

续上表

评价类目	评价项目		释　义	评价方法	标准分值	评价标准	得分
九、作业管理(155分)	2.作业流程	⑧剧毒化学品应专用储罐储存或专用仓库单独存放,实行双人收发、双人保管制度。企业应将储存剧毒化学品的数量、地点以及管理人员的情况,报当地公安部门和安全生产监督管理部门备案	剧毒化学品应专用储罐储存或专用仓库单独存放,企业应制定剧毒化学品管理制度,实行双人收发、双人保管。此外,应将储存剧毒化学品的数量、地点以及管理人员的情况,报当地公安部门和安全生产监督管理部门备案	**查资料:** 1.装卸储存作业货种清单; 2.剧毒化学品安全管理制度; 3.备案证明材料; 4.管理人员职责。 **现场检查:** 剧毒化学品储存、保管情况	5	1.未制定剧毒化学品安全管理制度,不得分; 2.制度不完善,每处扣1分; 3.未实行双人收发、双人保管的,不得分; 4.剧毒化学品未专用储罐储存或专用仓库单独存放,不得分; 5.现场存储无安全技术说明书和安全标签,每处扣1分; 6.未向当地公安部门和安全生产监督管理部门备案,每处扣2分; 7.无剧毒化学品出入库检查验收和登记记录,不得分; 8.检查验收和登记记录不完整,每处扣1分	

续上表

评价类目	评价项目		释义	评价方法	标准分值	评价标准	得分
九、作业管理(155分)	3.安全值班	企业应制定并落实安全生产值班计划和值班制度，重要时期应实行领导到岗带班，并做好值班记录	安全值班制度是企业安全生产和应对突发事件的重要保证。对于全天24h从事生产的，值班制度应充分考虑交接班问题。完善的值班制度应包括严格的问责和处罚条款。 一般来说，重要时期指的是主要节假日、特殊水情（洪峰过境、山洪暴发等）、特殊气象（暴雨、台风等）和承担特殊任务（军事运输和应急救灾物资、人员运输、承担接待任务）等	**查资料：** 1.安全值班计划和值班制度； 2.重要时期领导到岗带班制度； 3.安全值班和领导带班记录	5	1.无安全生产值班计划、值班制度或重要时期领导到岗带班制度，每缺一个扣2分； 2.未按计划值班，每人次扣1分； 3.重要时期未实行领导到岗带班，每人次扣2分； 4.无值班记录，不得分，记录不完整，每处扣1分	

续上表

评价类目	评价项目		释　义	评价方法	标准分值	评价标准	得分
九、作业管理（155分）	4.相关方管理	①两个或两个以上单位共用同一设施设备进行生产经营的，现场安全生产管理职责应明确，并落实到位	《中华人民共和国安全生产法》第四十五条规定："两个以上生产经营单位在同一作业区域内进行生产经营活动，可能危及对方生产安全的，应当签订安全生产管理协议，明确各自的安全生产管理职责和应当采取的安全措施，并指定专职安全生产管理人员进行安全检查与协调"。 在港口生产作业过程中，两个或两个以上单位共用同一设施设备进行生产经营的情况较多，主要聘用第三方参与现场作业，因此加强管理十分重要。两个或两个以上单位共用同一设施设备进行生产经营的现场，涉及的各方之间应签订安全协议，明确各方的安全责任，并落实到位；各方应建立沟通协调机制，明确分工和责任，避免各方相互推诿，逃避安全责任	**查资料：** 1. 同一作业区域内两个或两个以上单位同时作业的记录； 2. 安全生产管理协议； 3. 安全检查与协调记录； 4. 应急预案及现场安全保护指导记录	8	1. 未建立同一作业区域内两个或两个以上单位同时作业记录，扣2分； 2. 未签订安全生产管理协议，不得分； 3. 安全生产管理协议中职责不明确，每处扣2分； 4. 安全生产管理协议未指定专职安全生产管理人员进行检查和协调，扣5分； 5. 未建立安全检查与协调记录，扣5分； 6. 检查与协调记录不完整，每处扣1分	

续上表

评价类目	评价项目		释义	评价方法	标准分值	评价标准	得分
九、作业管理(155分)	4.相关方管理	②企业对外发包或出租生产经营项目、场所、设备时，应对其资格预审、选择、服务前准备、作业过程、提供的产品、技术服务、表现评估、续用等进行管理，并应建立合格相关方的名录和档案，根据服务作业行为定期识别服务行为风险，采取行之有效的控制措施	《中华人民共和国安全生产法》第四十六条规定：“生产经营单位不得将生产经营项目、场所、设备发包或者出租给不具备安全生产条件或者相应资质的单位或者个人。生产经营项目、场所发包或者出租给其他单位的，生产经营单位应当与承包单位、承租单位签订专门的安全生产管理协议，或者在承包合同、租赁合同中约定各自的安全生产管理职责；生产经营单位对承包单位、承租单位的安全生产工作统一协调、管理，定期进行安全检查，发现安全问题的，应当及时督促整改”。	**查资料：** 1.相关方管理制度； 2.合格相关方名录； 3.相关方档案(资格预审记录、人员资质及持证情况、设备登记检验记录、安全管理协议、安全检查协调记录等)； 4.识别相关方的服务行为风险，对相关方实施安全监督检查等控制措施的记录。 **现场检查：** 相关方现场作业情况	10	1.未制定相关方管理制度，扣2分； 2.制度不完善，每处扣1分； 3.未识别相关方的服务行为风险的，扣2分； 4.识别不完整的，每缺一项扣0.5分； 5.未签订安全生产管理协议，不得分； 6.安全生产协议中职责不明确，内容不完整的，每处扣2分； 7.相关方从事专业人员未取得相应资质证书、未持证作业的，每人次扣1分；	

续上表

评价类目	评价项目		释义	评价方法	标准分值	评价标准	得分
九、作业管理(155分)	4. 相关方管理		企业应建立对相关方，特别是承包承租方进行资格预审、选择、服务前准备、作业过程、表现评估、续用等过程进行管理的程序和要求，在选择相关方时，应严格审查承包承租方资质，并与之签订安全责任协议，明确双方各自的安全责任，以及安全管理、防火管理、设备使用、人员教育与培训、安全检查与监督等方面的管理要求，并加强检查监督			8. 未对相关方实施安全监督检查等控制措施的，每处扣1分； 9. 未建立合格相关方档案和相关方名录的，扣5分； 10. 档案或名录不完整，每处扣0.5分	

续上表

评价类目	评价项目		释义	评价方法	标准分值	评价标准	得分
九、作业管理(155分)	4.相关方管理	③企业应与外来施工(作业)方签订安全协议,明确双方各自的安全责任	外来施工(作业)方应有相应资质;项目负责人、安全负责人以及特种作业和特种设备作业人员等应按规定持证上岗;施工方应建立了各级安全责任制和管理制度和操作规程,具备安全生产的保障条件;施工机械或设备(特别是特种设备)按规定定期检验;应与外来施工(作业)方与企业签订安全管理协议,明确双方的责任,以及安全管理、防火管理、设备使用、人员教育与培训、安全检查与监督等方面的管理要求;施工现场应有可靠的安全防范措施;应安排专人对施工现场进行定期检查	**查资料:** 1. 外来施工(作业)方管理制度; 2. 安全生产管理协议; 3. 外来施工(作业)方档案(资格预审记录、人员资质及持证情况、设备登记检验记录、安全管理协议、安全检查协调记录等); 4. 对外来施工(作业方)实施安全监督检查的记录	6	1. 未制定外来施工(作业)方管理制度,扣2分; 2. 制度不完善,每处扣1分; 3. 未签订安全生产管理协议,不得分; 4. 安全生产协议中职责不明确,内容不完整的,每处扣1分; 5. 外来施工(作业)人员未持证上岗的,每人次扣1分; 6. 外来施工(作业)机械未定期检验的,每台扣1分; 7. 未对外来施工(作业)方实施安全监督检查的,每处扣1分; 8. 未建立外来施工(作业)方档案的,扣2分; 9. 档案不完善的,每处扣0.5分	

续上表

评价类目	评价项目		释义	评价方法	标准分值	评价标准	得分
九、作业管理(155分)	4.相关方管理	④企业应对短期合同工、临时用工、实习人员、外来参观人员、客户及其车辆等进入作业现场有相应的安全管理制度和措施	港口企业作业现场应实行封闭管理,因此,应制定短期合同工、临时用工、实习人员、外来参观人员、客户及其车辆等进入作业现场有相应的安全管理制度和措施,确保安全,并保留记录	**查资料:** 1. 短期合同工、临时用工、实习人员、外来参观人员、客户及其车辆等进入作业现场的安全管理制度; 2. 短期合同工等进入作业现场培训记录等	5	1. 未制定针对短期合同工、临时用工、实习人员、外来参观人员、客户及其车辆等进入作业现场的安全管理制度,扣5分; 2. 制度不完善,扣2分; 3. 制度、措施未落实,每处扣2分	
		⑤企业对可能危及危险化学品管道安全的施工作业,企业应与施工单位共同制定应急预案,采取相应的安全防护措施,并指派专门人员到现场进行管道安全保护指导	企业对可能危及危险化学品管道安全的施工作业,企业应与施工单位共同制定应急预案,采取相应的安全防护措施,并指派专门人员到现场进行管道安全保护指导	**查资料:** 1. 可能危及危险化学品管道安全的施工作业清单; 2. 施工作业应急预案; 3. 现场专人保护指导的记录	3	1. 未制定相关应急预案,不得分; 2. 应急预案中未制定安全防护措施,扣2分; 3. 未指派专人进行现场安全保护指导,每次扣2分	

续上表

评价类目	评价项目		释义	评价方法	标准分值	评价标准	得分
九、作业管理(155分)	5. 劳动防护	①企业应对劳动防护用品的采购、储存、发放、维护、更新等环节进行严格管理	企业应制定有关劳动防护用品的采购、验收、存储、发放、使用、维护、回收等方面的管理制度	**查资料：** 1. 劳动防护用品管理制度； 2. 劳动防护用品采购验收记录； 3. 劳动防护用品合格证	2	1. 未制定劳动防护用品管理制度，扣2分； 2. 制度不完善，每处扣0.5分； 3. 未建立劳动防护用品采购验收记录，不得分； 4. 采购验收记录不完整，每处扣0.5分； 5. 劳动防护用品无合格证，每缺一类扣1分	
		②企业应安排专项经费用于配备劳动防护用品。应为作业人员提供符合要求的劳动防护用品	企业应保证配备劳动防护用品的经费，并为从业人员提供符合要求的劳动防护用品。 企业应按照《用人单位劳动防护用品管理规范》《个体防护装备配备基本要求》(GB/T 29510—2013)的要求配备劳动防护用品。 企业应制定劳动防护用品的发放标准，按规定按时发放和回收，并做好登记	**查资料：** 1. 劳动防护用品的发放标准； 2. 劳动防护用品的发放和回收记录	2	1. 未制定劳动防护用品的发放标准，不得分； 2. 无劳动防护用品的发放和回收记录，每处扣1分； 3. 发现过期的劳动防护用品仍在现场使用的，每处扣1分	

续上表

评价类目	评价项目		释义	评价方法	标准分值	评价标准	得分
九、作业管理(155分)	5.劳动防护	③作业人员在作业过程中,应当按照规章制度和劳动防护用品使用规则,正确佩戴和使用劳动防护用品	作业人员在作业过程中,应当按照规章制度和劳动防护用品使用规则,正确佩戴和使用劳动防护用品。 企业应对从业人员进行劳动防护用品的使用、维护等专业知识的培训。 企业应督促作业人员在使用劳动防护用品前,对劳动防护用品进行检查,确保外观完好、部件齐全、功能正常	**现场检查:** 从业人员劳动防护用品的佩戴和使用情况	2	现场作业人员未按规定正确佩戴和使用劳动防护用品,每人次扣1分	
		④企业应对应急劳动防护用品进行经常性的维护、检修,定期检测劳动防护用品的性能和效果,保证其完好有效	企业应对应急劳动防护用品(如急救药箱、呼吸器、担架等)进行经常性的维护、检修,定期检测劳动防护用品的性能和效果,保证其完好有效	**查资料:** 应急劳动防护用品进行经常性的维护、检修记录。 **现场检查:** 应急劳动防护用品	2	1. 未对应急劳动防护用品进行经常性的维护、检修,不得分; 2. 无维护记录,不得分,记录不完整,每处扣0.5分; 3. 现场检查,应急劳动防护用品不能确保完好有效的,每处扣1分	

续上表

评价类目	评价项目		释　义	评价方法	标准分值	评价标准	得分
十、风险管理（60分）	1.一般要求	企业应依法依规建立健全安全生产风险管理制度，开展本单位管理范围内的风险辨识、评估、管控等工作，落实重大风险登记、重大危险源报备责任，防范和减少安全生产事故	依据《公路水路行业安全生产风险管理暂行办法》（交安监发〔2017〕60号）第三条明确要求：从事公路水路行业生产经营活动的企事业单位（以下简称生产经营单位）是安全生产风险管理的实施主体，应依法依规建立健全安全生产风险管理工作制度，开展本单位管理范围内的风险辨识、评估等工作，落实重大风险登记、重大危险源报备和控制责任，防范和减少安全生产事故	**查资料：** 1.企业安全生产风险管理工作制度（应含重大风险管理内容）和重大危险源管理制度（含辨识、报备和管控等内容）； 2.企业管理范围内的风险辨识、评估等工作的记录； 3.重大风险登记、报备，重大危险源辨识、建档、报备和控制等工作记录	5 AR	1.未制定发布企业安全生产风险管理工作制度，不得分；内容不符合要求的，每处扣0.5分； 2.无风险辨识、评估等工作记录，扣2分；不全面或缺失，每处扣1分； 3.未开展重大危险源辨识、建档、报备和控制等工作，每缺一项扣1分； 4.重大风险未登记或报备，扣1分	

续上表

评价类目	评价项目		释义	评价方法	标准分值	评价标准	得分
十、风险管理（60分）	2. 风险辨识	①企业应制定风险辨识规则，明确风险辨识的范围、方式和程序	依据《公路水路行业安全生产风险管理暂行办法》（交安监发〔2017〕60号）第十一条明确要求：生产经营单位应针对本单位生产经营活动范围及其生产经营环节，按照相关法规标准要求，编制风险辨识规则，明确风险辨识范围、方式和程序。 风险识别是指在风险事故发生之前，人们运用各种方法系统的、连续的认识所面临的各种风险以及分析风险事故发生的潜在原因。风险识别过程包含感知风险和分析风险两个环节。为更好地开展风险辨识工作，企业应制定风险辨识规则，明确辨识的范围、方式和程序等内容，指导员工开展风险辨识工作。风险辨识的范围应包含了企业所有人员、作业、过程和场所，辨识方式适合企业各岗位需求，辨识程序全面、合规	**查资料：** 安全生产风险辨识方法（或规则）	5	1. 未制定发布企业安全生产风险辨识指南（或规则），不得分； 2. 风险辨识规则中未包含评价范围、方法、程序、人员能力、记录及报告编制和归档等要求，每缺一项扣1分	

续上表

评价类目	评价项目		释义	评价方法	标准分值	评价标准	得分
十、风险管理(60分)	2.风险辨识	②风险辨识应系统、全面,并进行动态更新	企业风险是一个复杂的系统,其中包括不同类型、不同性质、不同损失程度的各种风险,故对风险进行识别,应该全面系统地考察、了解各种风险事件存在和可能发生的概率以及损失的严重程度,风险因素及因风险的出现而导致的其他问题。因此,必须系统、全面了解各种风险的存在和发生及其将引起的损失后果的详细情况,以便及时而清楚地为决策者提供比较完备的决策信息。同时,风险随生产工艺、装备和过程变化、环境变化、人的因素和管理的变化,风险致险因素、危害程度等也发生变化,相应的控制方法和措施也应随之改变,因此应进行动态更新	**查资料:** 1. 风险辨识清单; 2. 动态更新记录	5	1. 未建立风险辨识清单,不得分; 2. 风险清单未动态更新,每处扣2分	

续上表

评价类目	评价项目		释　义	评价方法	标准分值	评价标准	得分
十、风险管理(60分)	2.风险辨识	③风险辨识应涉及所有的工作人员(包括外部人员)、工作过程和工作场所。安全生产风险辨识结束后应形成风险清单	风险辨识是运用各种方法对尚未发生的潜在风险以及客观存在的各种风险进行系统归类和全面识别。风险辨识不是一次能够完成的,它应该在整个安全生产过程中定期而有计划地进行,具有广泛性、全生命周期和信息依赖性,因为安全生产参与成员的工作性质不同,所面临的风险也会有所不同,他们都有自己独特的生产经历和风险管理经验,可以为识别生产的风险提供更多的途径。同时,由于生产由不同分工协助组合完成,风险识别将涉及财务、工艺、设备、技术、管理等多个的不同知识领域;另外,风险存在于产品生产生命期的各个阶段中,不同阶段会出现	**查资料:** 查风险辨识清单	3	风险清单未涉及所有的工作人员(包括外部人员)、工作过程和工作场所,每缺一项扣1分	

续上表

评价类目	评价项目		释义	评价方法	标准分值	评价标准	得分
十、风险管理(60分)	2.风险辨识		影响程度不同的风险,随着生产过程、条件(含场所)、环境、范围等的不断变化,新的风险又会产生,从而又需要开展新一轮的风险识别。总之,风险识别必然贯穿于生产的全过程和所有场所。风险辨识成果之一,就是形成风险清单				
	3.风险评估	①企业应从发生危险的可能性和严重程度等方面对风险因素进行分析,选定合适的风险评估方法,明确风险评估规则	风险评估是指风险识别、风险分析和风险评价的全过程。通过选择合适的评估方法对存在的安全生产风险和有害因素进行评估,确定风险程度和等级,并根据评估结果采取针对性的控制措施,确保风险控制在可接受的范围之内。	**查资料:** 风险评估规则	2	未制定风险评估规则或规则不具有可操作性,不得分	

续上表

评价类目	评价项目		释义	评价方法	标准分值	评价标准	得分
十、风险管理（60分）	3. 风险评估		企业应编制风险评价规则，规则应根据不同岗位、过程和场所辨识风险，从发生危险的可能性和严重程度等方面对风险因素进行分析，推荐选择采用合适的风险评估方法				
		②企业应依据风险评估规则，对风险清单进行逐项评估，确定风险等级	企业应依据风险评估规则，对风险清，选择合适评价方法进行逐项评估，确定风险等级	查资料： 1. 风险分析记录； 2. 风险评价报告； 3. 重大、较大风险清单	5	1. 无风险评估分析记录、风险评价报告，不得分；每缺一项，扣1分； 2. 风险清单中无风险等级，不得分；风险等级评价不全，每处扣1分； 3. 风险等级判定不准确，每处扣1分； 4. 无重大、较大风险清单，不得分	

续上表

评价类目	评价项目		释义	评价方法	标准分值	评价标准	得分
十、风险管理(60分)	4. 风险控制	①企业应根据风险评估结果及经营运行情况等,按以下顺序确定控制措施: a. 消除; b. 替代; c. 工程控制措施; d. 设置标志警告和(或)管理控制措施; e. 个体防护装备等	企业应根据风险评价的结果及经营运行情况等,确定不可接受的风险,制定并落实控制措施,将风险尤其是重大风险控制在可以接受的程度;风险控制措施符合相关标准要求。企业在选择风险控制措施时: ①应考虑: a. 可行性; b. 安全性; c. 可靠性。 ②应包括: a. 工程技术措施; b. 管理措施; c. 培训教育措施; d. 个体防护措施。 ③应按照以下顺序确定控制措施:	**查资料:** 1. 风险控制措施; 2. 风险控制措施是否符合规定的控制顺序要求。 **现场检查结合询问:** 重点场所、关键岗位和设备设施的风险控制措施	5	1. 文件未明确企业应根据风险评估结果及经营运行情况等,确定风险控制措施,不得分; 2. 风险控制措施与风险控制要求不一致,每处扣1分; 3. 重点场所、岗位、设备设施的风险控制措施不明确、不合理、不符合要求,每处扣1分	

续上表

评价类目	评价项目		释义	评价方法	标准分值	评价标准	得分
十、风险管理（60 分）	4. 风险控制		a. 消除； b. 替代； c. 工程控制措施； d. 设置标志警告和（或）管理控制措施； e. 个体防护装备等				
		②企业应将安全风险评估结果及所采取的控制措施告知相关从业人员，使其熟悉工作岗位和作业环境中存在的安全风险，掌握、落实应采取的控制措施	《中华人民共和国安全生产法》第四十一条规定：生产经营单位应当教育和督促从业人员严格执行本单位的安全生产规章制度和安全操作规程；并向从业人员如实告知作业场所和工作岗位存在的危险因素、防范措施以及事故应急措施。故企业应将安全风险评估结果及所采取的控制措施告知相关从业人员，使其熟悉工作岗位和作业环境中存在的安全风险，掌握、落实应采取的控制措施	**查资料：** 告知文件、记录。 **询问：** 抽查 3～15 名从业人员是否熟悉本岗位安全风险及控制措施	5	1. 未将安全风险评估告知从业人员或未提供告知记录，不得分； 2. 告知记录不完整，每处扣 1 分； 3. 作业人员不熟悉工作岗位和作业环境中存在的安全风险，每人次扣 1 分； 4. 作业人员未掌握、落实风险控制措施，每处扣 1 分	

续上表

评价类目	评价项目		释义	评价方法	标准分值	评价标准	得分
十、风险管理(60分)	4.风险控制	③企业应建立风险动态监控机制，按要求对风险进行控制和监测，及时掌握风险的状态和变化趋势，以确保风险得到有效控制	《公路水路行业安全生产风险管理暂行办法》(交安监发〔2017〕60号)第十八条规定：生产经营单位应建立风险动态监控机制，按要求进行监测、评估、预警，及时掌握风险的状态和变化趋势。 风险动态监控对风险的发展与变化情况进行全程监督，并根据需要进行应对策略的调整。因为风险是随着内部外部环境的变化而变化的，它们在决策主体经营活动的推进过程中可能会增大或者衰退乃至消失，也可能由于环境的变化又生成新的风险。风险动态监控就是通过对风险规划、识别、估计、评价、应对全过程的监视和控制，从而保证风险管理能达到预期的目标，它是项目实施过程中的一项重要工作	**查资料：** 1.风险动态监控管理制度； 2.风险动态监控记录	3	1.未制定风险动态监控制度，不得分； 2.制度中未明确监控项目、参数、责任人员、频次和方法等要求，每缺一项扣1分； 3.无风险动态监控记录，不得分；缺少一项监控记录扣1分； 4.企业风险未得到有效控制的，每处扣1分	

续上表

评价类目	评价项目		释　义	评价方法	标准分值	评价标准	得分
十、风险管理(60分)	5.重大风险管控	①企业对重大风险进行登记建档，设置重大风险监控系统，制定动态监测计划，并单独编制专项应急措施	《公路水路行业安全生产风险管理暂行办法》(交安监发〔2017〕60号)第二十四条规定：生产经营单位应如实记录风险辨识、评估、监测、管控等工作，并规范管理档案。重大风险应单独建立清单和专项档案。 第二十六条规定： (一)对重大风险制定动态监测计划，定期更新监测数据或状态，每月不少于1次，并单独建档； (二)重大风险应单独编制专项应急措施； 企业对确定认的重大风险都应按照规定登记建档。重大风险档案主要内容包括基本信息、管控信息、预警信息和事故信息等	**查资料：** 1.重大风险档案； 2.重大风险监控系统； 3.动态监测计划； 4.重大风险专项应急措施	5 ★★	1.应建立重大风险登记档案； 2.应设置重大风险监控系统； 3.应制定动态监测计划； 4.应制定针对重大风险的专项应急措施； 5.重大风险的专项应急措施应完整	

续上表

评价类目	评价项目		释义	评价方法	标准分值	评价标准	得分
十、风险管理(60分)	5.重大风险管控	②企业应当在重大风险所在场所设置明显的安全警示标志，对进入重大风险影响区域的人员组织开展安全防范、应急逃生避险和应急处置等相关培训和演练	《公路水路行业安全生产风险管理暂行办法》(交安监发〔2017〕60号)第二十八条规定：生产经营单位应当在重大风险所在场所设置明显的安全警示标志，标明重大风险危险特性、可能发生的事件后果、安全防范和应急措施。 第二十七条规定：生产经营单位应对进入重大风险影响区域的本单位从业人员组织开展安全防范、应急逃生避险和应急处置等相关培训和演练	**现场检查：** 重大风险所在场所。 **查资料：** 培训和演练的计划和记录	5	1.现场未设置明显的安全警示标志，每处扣2分； 2.未标明重大风险危险特性、可能发生的事件后果、安全防范和应急措施，缺一项扣1分； 3.无培训计划或演练计划，扣1分； 4.无培训记录或培训记录不全，扣2分； 5.无演练记录或记录不全，扣1分；无演练总结，扣1分	

续上表

评价类目	评价项目		释义	评价方法	标准分值	评价标准	得分
十、风险管理(60分)	5. 重大风险管控	③企业应当将本单位重大风险有关信息通过公路水路行业安全生产风险管理信息系统进行登记,构成重大危险源的应向属地负有安全生产监督管理职责的交通运输管理部门备案	《公路水路行业安全生产风险管理暂行办法》(交安监发〔2017〕60 号)第三十条规定:生产经营单位应当将本单位重大风险有关信息通过公路水路行业安全生产风险管理信息系统进行登记,构成重大危险源的应向属地综合安全生产监督管理部门备案。登记(含重大危险源报备,下同)信息应当及时、准确、真实	**查系统:** 重大风险通过公路水路行业安全生产风险管理信息系统进行登记的记录。 **查资料:** 重大危险源报备记录	2 ★★	1. 应将重大风险通过公路水路行业安全生产风险管理信息系统进行登记; 2. 重大危险源应报属地综合安全生产监督管理部门备案	
		④重大风险经评估确定等级降低或解除的,企业应于规定的时间内通过公路水路行业安全生产风险管理系统予以销号	《公路水路行业安全生产风险管理暂行办法》(交安监发〔2017〕60 号)第三十六条规定:重大风险经评估确定等级降低或解除的,生产经营单位应于 5 个工作日内通过公路水路行业安全生产风险管理系统予以销号	**查资料、系统:** 1. 重大风险定期评估报告; 2. 重大风险等级降低或解除后销号记录	2	1. 未对重大风险进行定期评估的,不得分; 2. 重大风险等级降低或解除后,未在 5 个工作日内通过公路水路行业安全生产风险管理系统予以销号的,扣 1 分	

续上表

评价类目	评价项目		释义	评价方法	标准分值	评价标准	得分
十、风险管理（60分）	6.预测预警	①企业应根据生产经营状况、安全风险管理及隐患排查治理、事故等情况，运用定量或定性的安全生产预测预警技术，建立企业安全生产状况及发展趋势的安全生产预测预警机制	预测预警是通过安全风险管理及隐患排查治理，查找导致危险前兆的根源，控制危险事态的进一步发展或将危险事件扼杀于萌芽状态，以减少危机的发生或降低危机危害程度的过程。预测预警的目的是当风险因素达到预警条件的，企业应及时发出预警信息，并立即采取针对性措施，防范安全生产事故发生；减少危机的发生或降低危机的破坏程度，实现企业的持续经营	**查资料：** 1. 包含预测预警内容的制度文件； 2. 定量或定性的安全生产预测预警技术的文件	5	1. 制度文件中未包含预测预警要求，不得分； 2. 未运用定量或定性的安全生产预测预警技术，扣2分；定量或定性的安全生产预测预警技术不适用的，扣2分； 3. 未开展预测预警活动，扣3分； 4. 对安全生产预测预警机制未定期评审，扣1分； 5. 未根据评审结果予以改进的，扣1分	
		②当风险因素达到预警条件的，企业应及时发出预警信息，并立即采取针对性措施，防范安全生产事故发生	当风险因素达到预警条件时，企业应及时发出预警信息，并根据重大风险应急预案立即启动一级预案，按照应急预案要求采取针对性控制措施，防范安全生产事故发生	**查资料：** 1. 发出预警信息的风险因素达到预警条件的规定文件； 2. 启动应急预案的相关记录； 3. 针对性措施的相关记录和台账	3	1. 未对风险因素达到预警条件进行设定的，每处扣1分； 2. 达到预警条件未发出预警的，每处扣1分； 3. 未采取针对性控制、应急措施的，不得分； 4. 无采用相关针对性措施的记录，每处扣1分	

续上表

评价类目	评价项目		释义	评价方法	标准分值	评价标准	得分
十一、隐患排查和治理(50分)	1.隐患排查	①企业应落实隐患排查治理和防控责任制,组织事故隐患排查治理工作,实行从隐患排查、记录、监控、治理、销账到报告的闭环管理	《中华人民共和国安全生产法》第三十八条规定:生产经营单位应当建立健全生产安全事故隐患排查治理制度,采取技术、管理措施,及时发现并消除事故隐患。 《公路水路行业安全生产隐患治理管理暂行办法》(交安监发〔2017〕60号)第九条规定:生产经营单位应当建立健全隐患排查、告知(预警)、整改、评估验收、报备、奖惩考核、建档等制度,逐级明确隐患治理责任,落实到具体岗位和人员。 企业应依据有关法律法规、标准规范等,制定隐患排查治理和防控制度,实行从隐患排查、记录、监控、治理、销账到报告的闭环管理	**查资料:** 隐患排查治理制度	5 ★★	1. 企业应制定隐患排查治理制度; 2. 企业应明确隐患排查治理的责任部门和人员; 3. 制度应明确隐患排查方法、记录、监控、治理、销账和报告等要求	

续上表

评价类目	评价项目		释义	评价方法	标准分值	评价标准	得分
十一、隐患排查和治理(50分)	1.隐患排查	②企业应依据有关法律法规、标准规范等,组织制定各部门、岗位、场所、设备设施的隐患排查治理标准或排查清单,明确隐患排查的时限、范围、内容和要求,并组织开展相应的培训。隐患排查的范围应包括所有与生产经营相关的场所、人员、设备设施和活动,包括承包商和供应商等相关服务范围	依据《安全生产事故隐患排查治理暂行规定》(国家安全生产监督管理总局令第16号)、《公路水路行业安全生产隐患治理管理暂行办法》(交安监发〔2017〕60号)要求,组织制定各部门、岗位、场所、设备设施的隐患排查治理标准或排查清单,明确隐患排查的时限、范围、内容和要求,并组织开展相应的培训。隐患排查的范围应包括所有与生产经营相关的场所、人员、设备设施和活动,包括承包商和供应商等相关服务范围	**查资料:** 1.隐患排查治理标准或排查清单; 2.隐患排查方案; 3.隐患排查培训记录	5 AR	1.未制定各部门、岗位、场所、设备设施隐患排查治理标准或排查清单,扣2分,每缺一项扣0.5分; 2.未制定隐患排查方案,扣1分,未明确隐患排查的范围、时限、内容和要求等,每缺一项扣0.5分; 3.隐患排查的范围未包括所有与生产经营相关的场所、环境、人员、设备设施和活动,每缺一项扣1分; 4.无隐患排查培训记录,扣2分;记录不完整,每处扣1分	

续上表

评价类目	评价项目		释　义	评价方法	标准分值	评价标准	得分
十一、隐患排查和治理(50分)	1. 隐患排查	③生产经营单位应当建立事故隐患日常排查、定期排查和专项排查工作机制。日常排查每周应不少于1次,定期排查每半年应不少于1次,并根据政府及有关管理部门安全工作的专项部署、季节性变化或安全生产条件变化情况进行专项排查	《公路水路行业安全生产隐患治理管理暂行办法》(交安监发〔2017〕60号)第十一条规定:生产经营单位应当建立隐患日常排查、定期排查和专项排查工作机制,明确隐患排查的责任部门和人员、排查范围、程序、频次、统计分析、效果评价和评估改进等要求,及时发现并消除隐患。 第十二条规定:日常排查每周应不少于1次。 第十三条规定:隐患专项排查是生产经营单位在一定范围、领域组织开展的针对特定隐患的排查,一般包括: (一)根据政府及有关管理部门安全工作专项部署,开展针对性的隐患排查; (二)根据季节性、规律性安全生产条件变化,开展针对性的隐患排查;	**查资料:** 隐患排查记录	5	1. 未开展事故隐患日常排查、定期排查和专项排查工作,每缺一项,扣2分; 2. 日常排查每周少于1次,每缺一次扣1分; 3. 定期排查每半年少于1次,每缺一次扣1分;4、未根据政府及有关管理部门安全工作的专项部署、季节性变化或安全生产条件变化情况进行专项排查的记录,每缺一次扣1分	

续上表

评价类目	评价项目		释义	评价方法	标准分值	评价标准	得分
十一、隐患排查和治理(50分)	1.隐患排查		（三）根据新工艺、新材料、新技术、新设备投入使用对安全生产条件形成的变化，开展针对性的隐患排查； （四）根据安全生产事故情况，开展针对性的隐患排查。 第十四条规定：定期排查每半年应不少于1次				
		④企业应填写事故隐患排查记录，依据确定的隐患等级划分标准对发现或排查出的事故隐患进行判定，确定事故隐患等级并进行登记，形成事故隐患清单。企业应将重大事故隐患向属地负有安全生产监督管理职责的交通运输管理部门备案	企业应根据《公路水路行业安全生产隐患治理管理暂行办法》（交安监发〔2017〕60号）中重大隐患的判定原则，制定企业重大隐患判定标准，依据确定的隐患等级划分标准对发现或排查出的事故隐患进行判定，确定事故隐患等级并进行登记，形成事故隐患清单。 企业应通过系统将重大事故隐患向属地负有安全生产监督管理职责的交通运输管理部门备案	**查资料：** 1. 隐患等级判定标准； 2. 事故隐患清单； 3. 重大事故隐患向属地负有安全生产监督管理职责的交通运输管理部门备案记录	5 ★★	1. 应建立隐患等级判定标准； 2. 应对发事故隐患等级进行判定； 3. 应形成事故隐患清单，且事故隐患清单与隐患排查记录应一致； 4. 重大事故隐患应向属地负有安全生产监督管理职责的交通运输管理部门备案	

续上表

评价类目	评价项目		释　义	评价方法	标准分值	评价标准	得分
十一、隐患排查和治理(50分)	2.隐患治理	①对于一般事故隐患,企业应按照职责分工立即组织整改,确保及时进行治理	《中华人民共和国安全生产法》第十八条规定:督促、检查本单位的安全生产工作,及时消除生产安全事故隐患。 《公路水路行业安全生产隐患治理管理暂行办法》(交安监发〔2017〕60号)第十九条规定:生产经营单位应对排查出的隐患立即组织整改,隐患整改情况应当依法如实记录,并向从业人员通报。故对于一般事故隐患,企业应按照职责分工立即组织整改,做到定治理措施、定负责人、定资金来源、定治理期限、定预案,确保及时进行治理	**查资料:** 隐患治理记录	5	1.未及时组织隐患治理或整改不到位,每处扣1分; 2.未明确隐患治理责任人、制定治理措施、资金、时限的,缺一项扣1分	

续上表

评价类目	评价项目		释义	评价方法	标准分值	评价标准	得分
十一、隐患排查和治理(50分)	2.隐患治理	②对于重大事故隐患,企业主要负责人组织制定专项隐患治理整改方案,并确保整改措施、责任、资金、时限和预案“五到位”	《公路水路行业安全生产隐患治理管理暂行办法》(交安监发〔2017〕60号)第二十二条规定:重大隐患整改应制定专项方案,包括以下内容: (一)整改的目标和任务; (二)整改技术方案和整改期的安全保障措施; (三)经费和物资保障措施; (四)整改责任部门和人员; (五)整改时限及节点要求; (六)应急处置措施; (七)跟踪督办及验收部门和人员。 《安全生产事故隐患排查治理暂行规定》(国家安全生产监督管理总局令第16号)规定:企业应当按照国家有关规定将本单位重大危险源及有关安全措施、应急措施,报负有安全生产监督管理的部门和有关部门备案,做到整改措施、责任、资金、时限和预案“五到位”	**查资料:** 1.重大隐患清单; 2.专项隐患治理整改方案和记录	5 ★	1.未建立重大隐患清单,扣1分; 2.未针对重大隐患组织制定专项隐患治理整改方案,每缺一项扣1分; 3.整改专项方案不符合要求,每处扣1分; 4.无确保整改措施、责任、资金、时限和预案“五到位”记录,每缺一项扣1分	

续上表

评价类目	评价项目		释　　义	评价方法	标准分值	评价标准	得分
十一、隐患排查和治理(50分)	2.隐患治理	③企业在事故隐患整改过程中，应采取相应的监控防范措施，防止发生次生事故	《公路水路行业安全生产隐患治理管理暂行办法》(交安监发〔2017〕60号)第二十一条规定：生产经营单位在隐患整改过程中，应当采取相应的安全防范措施，防范发生安全生产事故	**查资料：** 企业在事故隐患整改过程中，采取相应的监控防范措施的记录和证据	5	1.未建立事故隐患整改过程中监控防范措施记录，不得分；记录不完整，每处扣1分； 2.发生次生事故的，扣3分	
		④事故隐患整改完成后，企业应按规定进行验证或组织验收，出具整改验收结论，并签字确认。重大事故隐患整改验收通过的，企业应将验收结论向属地负有安全生产监督管理职责的交通运输管理部门报备，并申请销号	《公路水路行业安全生产隐患治理管理暂行办法》(交安监发〔2017〕60号)第二十条规定：一般隐患整改完成后，应由生产经营单位组织验收，出具整改验收结论，并由验收主要负责人签字确认。第二十四条规定：重大隐患整改验收通过的，生产经营单位应将验收结论向属地负有安全生产监督管理职责的交通运输管理部门报备，并申请销号	**查资料：** 隐患整改验收记录。 **查系统：** 1.重大事故隐患报备资料； 2.销号申请记录和申报材料	5 ★★	1.一般隐患整改完成后，生产经营单位应组织验收； 2.应保留整改验收记录； 3.验收人应签字确认； 4.重大事故隐患整改验收通过的，企业应将验收结论向属地负有安全生产监督管理职责的交通运输管理部门报备；	

续上表

评价类目	评价项目		释义	评价方法	标准分值	评价标准	得分
十一、隐患排查和治理(50分)	2.隐患治理					5.报备申请材料应包括:重大隐患基本情况及整改方案、重大隐患整改过程、验收机构或验收组基本情况、验收报告及结论; 6.应保留销号申请记录	
		⑤企业应对重大事故隐患形成原因及整改工作进行分析评估,及时完善相关制度和措施,依据有关规定和制度对相关责任人进行处理,并开展有针对性的培训教育	《公路水路行业安全生产隐患治理管理暂行办法》(交安监发〔2017〕60号)第二十五条规定:重大隐患整改验收完成后,生产经营单位应对隐患形成原因及整改工作进行分析评估,及时完善相关制度和措施,依据有关规定和制度对相关责任人进行处理,并开展有针对性的培训教育	**查资料:** 1.重大隐患分析评估记录; 2.对相关制度和措施修改完善记录; 3.相关责任人处理记录; 4.开展针对性的培训教育的记录	5	1.未对隐患形成原因及整改工作进行分析评估的,不得分; 2.无分析评估记录的,扣3分;记录不完整,每处扣1分; 3.未根据分析评估结果,对相关制度和措施修改完善,每处扣1分; 4.未依据规定和制度对相关责任人处理的,扣2分; 5.未开展针对性的培训教育的,扣2分	

续上表

评价类目	评价项目		释　义	评价方法	标准分值	评价标准	得分
十一、隐患排查和治理(50分)	2.隐患治理	⑥企业应对事故隐患排查治理情况如实记录,建立相关台账,并定期组织对本单位事故隐患治理情况进行统计分析,及时梳理、发现安全生产问题和趋势,形成统计分析报告,改进安全生产工作	《公路水路行业安全生产隐患治理管理暂行办法》(交安监发〔2017〕60号)第十七条规定:生产经营单位应认真填写隐患排查记录,形成隐患排查工作台账,包括排查对象或范围、时间、人员、安全技术状况、处理意见等内容,经隐患排查直接责任人签字后妥善保存。第二十六条规定:生产经营单位应当根据生产经营活动特点,定期组织对本单位隐患治理情况进行统计分析,及时梳理、发现安全生产苗头性问题和规律,形成统计分析报告,改进安全生产工作	**查资料:** 1. 隐患排查工作台账; 2. 隐患治理情况进行统计分析记录	5	1. 隐患排查记录不完整,无人签字或签字不全的,每处扣1分; 2. 隐患排查工作档案不完整、不规范;缺治理方案、控制措施、评估报告书、验收报告等过程记录,每处扣1分,未及时归档保存,每处扣1分; 3. 未进行统计分析的,扣3分; 4. 未根据统计分析改进安全生产工作,扣2分	

续上表

评价类目	评价项目		释义	评价方法	标准分值	评价标准	得分
十二、职业健康(30分)	1.健康管理	①企业应落实职业病防治主体责任，按规定设置职业健康管理机构和配备专(兼)职管理人员；落实职业病危害告知、日常监测、定期报告和防护保障等制度措施	《中华人民共和国职业病防治法》规定：用人单位应当采取下列职业病防治管理措施： （一）设置或者指定职业卫生管理机构或者组织，配备专职或者兼职的职业卫生管理人员，负责本单位的职业病防治工作； （二）制定职业病防治计划和实施方案； （三）建立、健全职业卫生管理制度和操作规程； （四）建立、健全职业卫生档案和劳动者健康监护档案； （五）建立、健全工作场所职业病危害因素监测及评价制度； （六）建立、健全职业病危害事故应急救援预案。	**查资料：** 1. 设置职业健康管理机构或任命管理人员文件； 2. 职业卫生管理制度； 3. 企业职业卫生档案； 4. 日常管理活动（包括参加活动、日常检查监测、发现问题整改等）	5	1. 未设置职业健康管理机构或未指定专兼职人员的，不得分； 2. 未设置专人负责职业病危害因素日常监测的，不得分； 3. 人员专业能力不满足要求的，每人次扣2分； 4. 未建立职业卫生管理制度的，不得分；制度不完善，每处扣1分； 5. 未开展日常管理活动的，每缺一项扣1分； 6. 未向劳动者告知工作过程中可能产生的职业病危害及其后果的，每少1人扣1分； 7. 无日常检查、监测及发现问题整改记录的，每处扣1分	

续上表

评价类目	评价项目		释　义	评价方法	标准分值	评价标准	得分
十二、职业健康(30分)	1.健康管理		《中华人民共和国职业病防治法》第三十三条规定:用人单位与劳动者订立劳动合同(含聘用合同,下同)时,应当将工作过程中可能产生的职业病危害及其后果、职业病防护措施和待遇等如实告知劳动者,并在劳动合同中写明,不得隐瞒或者欺骗。 劳动者在已订立劳动合同期间因工作岗位或者工作内容变更,从事与所订立劳动合同中未告知的存在职业病危害的作业时,用人单位应当依照前款规定,向劳动者履行如实告知的义务,并协商变更原劳动合同相关条款				

续上表

评价类目	评价项目		释义	评价方法	标准分值	评价标准	得分
十二、职业健康(30分)	1.健康管理	②提供符合职业卫生要求的工作环境和条件;配备与职业健康保护相适应的设施、工具和防护用品	《中华人民共和国职业病防治法》第四条规定:劳动者依法享有职业卫生保护的权利。用人单位应当为劳动者创造符合国家职业卫生标准和卫生要求的工作环境和条件,并采取措施保障劳动者获得职业卫生保护。工会组织依法对职业病防治工作进行监督,维护劳动者的合法权益。用人单位制定或者修改有关职业病防治的规章制度,应当听取工会组织的意见。 第十五条规定:产生职业病危害的用人单位的设立除应当符合法律、行政法规规定的设立条件外,其工作场所还应当符合下列职业卫生要求: (一)职业病危害因素的强度或者浓度符合国家职业卫生标准;	**查资料:** 1.职业病危害评价报告; 2.职业危害因素监测报告; 3.报警设施、防护急救器具清单; 4.报警设施、防护急救器具的日常检查、定期校验和维护保养记录。 **现场检查:** 1.工作环境和条件; 2.报警设施、防护急救设施、应急撤离通道、必要的泄险区等的设置情况	5	1.存在职业危害的作业场所防护设施和环境不符合法规及标准规范要求的,每处扣2分; 2.未配备必要的防护报警设施、急救器具等,缺一项扣2分; 3.各种防护器具无专人负责,一项扣1分; 4.无报警设施、防护急救器具的日常检查、定期校验和维护记录,缺一项扣2分; 5.现场报警设施、防护急救器与清单不符,每处扣1分; 6.无应急撤离通道、必要的泄险区,每处扣2分	

续上表

评价类目	评价项目		释　　义	评价方法	标准分值	评价标准	得分
十二、职业健康(30分)	1.健康管理		(二)有与职业病危害防护相适应的设施; (三)生产布局合理,符合有害与无害作业分开的原则; (四)有配套的更衣间、洗浴间、孕妇休息间等卫生设施; (五)设备、工具、用具等设施符合保护劳动者生理、心理健康的要求; (六)法律、行政法规和国务院卫生行政部门、安全生产监督管理部门关于保护劳动者健康的其他要求。 第二十二条规定:用人单位必须采用有效的职业病防护设施,并为劳动者提供个人使用的职业病防护用品。				

续上表

评价类目	评价项目		释　　义	评价方法	标准分值	评价标准	得分
十二、职业健康(30分)	1.健康管理		第二十五条规定:“对可能发生急性职业损伤的有毒、有害工作场所,用人单位应当设置报警装置,配置现场急救用品、冲洗设备、应急撤离通道和必要的泄险区。 对职业病防护设备、应急救援设施和个人使用的职业病防护用品,用人单位应当进行经常性的维护、检修,定期检测其性能和效果,确保其处于正常状态,不得擅自拆除或者停止使用。” 港口危险货物码头企业应根据《工作场所有毒气体检测报警装置设置规范》(GBZ/T 223—2009)设置有毒气体检测报警设备				

续上表

评价类目	评价项目		释义	评价方法	标准分值	评价标准	得分
十二、职业健康(30分)	1. 健康管理	③应按规定组织有关从业人员进行职业健康检查,并建立有关从业人员职业健康档案	第三十五条规定:对从事接触职业病危害的作业的劳动者,用人单位应当按照国务院卫生行政部门的规定组织上岗前、在岗期间和离岗时的职业健康检查,并将检查结果书面告知劳动者。职业健康检查费用由用人单位承担。 第三十六条规定:用人单位应当为劳动者建立职业健康监护档案,并按照规定的期限妥善保存	**查资料:** 1. 职业健康检查记录; 2. 存在职业危害的作业场所的从业人员健康监护档案; 3. 职业禁忌人员复查、调岗记录; 4. 疑似及确诊的职业病人员诊疗记录。 **现场检查:** 存在职业危害的作业场所预防措施落实情况	5	1. 未对职业危害岗位人员进行上岗前、在岗期间和离岗时的职业健康检查的,每缺少1人扣1分; 2. 未建立从业人员健康监护档案的,每缺一人扣1分; 3. 档案内容不完整,每处扣1分; 4. 未建立职业禁忌人员复查、调岗记录,每人次扣1人; 5. 无疑似及确诊的职业病人员诊疗记录,每人次扣2分;记录不完整,每处扣1分; 6. 有新增职业病人员,本项不得分	

续上表

评价类目	评价项目		释义	评价方法	标准分值	评价标准	得分
十二、职业健康(30分)	1. 健康管理	④企业应按规定对存在或者可能产生职业病危害的工作场所、作业岗位、设备、设施设置警示标识和中文警示说明，对存在或产生高毒物品的作业岗位，设置高毒物品告知卡	《中华人民共和国职业病防治法》第二十四条规定：产生职业病危害的用人单位，应当在醒目位置设置公告栏，公布有关职业病防治的规章制度、操作规程、职业病危害事故应急救援措施和工作场所职业病危害因素检测结果。 对产生严重职业病危害的作业岗位，应当在其醒目位置，设置警示标识和中文警示说明。警示说明应当载明产生职业病危害的种类、后果、预防以及应急救治措施等内容； 存在或产生高毒物品的作业岗位应按照《高毒物品作业岗位职业病危害告知规范》(GBZ/T 203—2007)的规定设置高毒物品作业岗位职业病危害告知卡	**现场检查：** 1. 职业危害场所警示标识和警示说明； 2. 产生职业病危害的用人单位，在醒目位置设置公告栏，公布有关职业病防治的规章制度、操作规程、职业病危害事故应急救援措施和工作场所职业病危害因素检测结果； 3. 高毒物品作业岗位职业病危害告知卡	5 AR	1. 对存在严重职业危害的作业岗位未设置职业危害警示标志和警示说明的，不得分； 2. 警示标志和说明不完整、破损或褪色，每处扣0.5分； 3. 警示标志和说明内容(含职业危害的种类、后果、预防以及应急救治措施等)不全的，每处扣0.5分； 4. 产生职业病危害的用人单位，未在醒目位置设置公告栏，公布有关职业病防治的规章制度、操作规程、职业病危害事故应急救援措施和工作场所职业病危害因素检测结果的，每处扣0.5分；	

续上表

评价类目	评价项目		释义	评价方法	标准分值	评价标准	得分
十二、职业健康(30分)	1.健康管理					5.存在或产生高毒物品的作业岗位未按规定设置高毒物品作业岗位职业病危害告知卡,每处扣0.5分	
		⑤企业应依法参加工伤保险,为从业人员缴纳保险费	《中华人民共和国安全生产法》第四十八条规定:生产经营单位必须依法参加工伤保险,为从业人员缴纳保险费。 《中华人民共和国职业病防治法》第七条规定:用人单位必须依法参加工伤保险。	**查资料:** 1.工伤保险的缴费凭证; 2.劳务派遣人员和相关方人员的缴费凭证	5	1.未按规定为从业人员缴纳工伤保险,每人次扣2分; 2.未按规定为劳务派遣人员缴纳或监督劳务派遣公司缴纳工伤保险,每人次扣2分	

续上表

评价类目	评价项目		释义	评价方法	标准分值	评价标准	得分
十二、职业健康(30分)	1. 健康管理	⑥企业应对从业人员进行职业健康宣传培训，使其了解其作业场所和工作岗位存在的危险因素和职业危害、防范措施和应急处理措施，降低或消除危害后果的事项	《中华人民共和国职业病防治法》第三十四条规定：用人单位的主要负责人和职业卫生管理人员应当接受职业卫生培训，遵守职业病防治法律、法规，依法组织本单位的职业病防治工作。 用人单位应当对劳动者进行上岗前的职业卫生培训和在岗期间的定期职业卫生培训，普及职业卫生知识，督促劳动者遵守职业病防治法律、法规、规章和操作规程，指导劳动者正确使用职业病防护设备和个人使用的职业病防护用品	**查资料：** 从业人员职业健康宣传培训记录。 **询问：** 抽查3～15名从业人员是否了解可能的职业危害和应急措施	3	1. 未对从业人员进行职业健康宣传培训，每人次扣1分； 2. 从业人员不了解作业过程中可能产生的职业危害预防和应急措施，每人扣2分	
	2. 职业危害申报	企业应按规定及时、如实向当地主管部门申报运营过程中存在的职业病危害因素，并接受其监督	《中华人民共和国职业病防治法》第十六条规定：国家建立职业病危害项目申报制度。 用人单位工作场所存在职业病目录所列职业病的危害因素的，应当及时、如实向所在地卫生行政部门申报危害项目，接受监督	**查资料：** 1. 作业场所职业病危害申报记录； 2. 企业接受所在地职业卫生监督管理部门监督记录	2	1. 存在职业病危害因素的用人单位未进行作业场所职业病危害申报的，不得分； 2. 针对主管部门提出的整改措施未及时整改的，每处扣1分	

续上表

评价类目	评价项目		释　义	评价方法	标准分值	评价标准	得分
十三、安全文化(30分)	1.安全环境	①设立安全文化廊、安全角、黑板报、宣传栏等员工安全文化阵地	"安全文化"是指被企业组织的员工群体所共享的安全价值观、态度、道德和行为规范组成的统一体。加强安全教育基地建设,充分利用电视、互联网、报纸、广播等多种形式和手段普及安全常识,增强全社会科学发展、安全发展的思想意识是每一个企业责任和义务。企业按照《企业安全文化建设导则》(AQ/T 9004—2008)要求,从思想上、心态上去宣传、教育、引导,不断向员工灌输"以人为本,安全第一""安全就是效益、安全创造效益""行为源于认识,预防胜于处罚,责任重于泰山""安全不是为了别人,而是为了你自己"安全价值观,形成人人重视安全,人人为安全尽责的良好氛围。应从制度上明确企业安全文化宣传的频率、内容和方式,从而促使企业自觉主动开展安全文化创建活动	**查资料:** 安全文化宣传资料。 **现场检查:** 安全文化阵地	5	1.未设立安全文化廊、安全角、黑板报、宣传栏等员工安全文化阵地的,不得分; 2.安全文化阵地内容未做到每月更新一次的,扣3分	

续上表

评价类目	评价项目		释义	评价方法	标准分值	评价标准	得分
十三、安全文化(30分)	1.安全环境	②公开安全生产举报电话号码、通信地址或者电子邮件信箱。对接到的安全生产举报和投诉及时予以调查和处理，并公开处理结果	加强对安全生产违法违规行为监督管理对于减少和杜绝安全生产"三违"行为有着十分重要意义。企业要充分发挥广大职工的参与作用，依法维护和落实企业职工对安全生产的参与权与监督权，鼓励职工监督举报各类安全隐患，对处理结果要及时公开，起到警示警醒的作用	**查资料：** 1. 安全生产举报投诉及调查管理制度； 2. 安全生产举报投诉记录。 3. 处理结果公开记录。 **现场检查：** 1. 安全生产举报、投诉电话号码、通信地址或电子邮箱等安全生产举报投诉渠道； 2. 是否公布了调查处理结果	5 AR	1. 未建立安全生产举报投诉制度，扣2分； 2. 未公开安全生产举报投诉渠道，扣2分； 3. 对接到的安全生产举报和投诉未及时调查和处理，每次扣2分； 4. 处理结果未公开的，每次扣0.5分	

续上表

评价类目	评价项目		释　义	评价方法	标准分值	评价标准	得分
十三、安全文化(30分)	2. 安全行为	①企业应建立包括安全价值观、安全愿景、安全使命和安全生产目标等在内的安全承诺	本条所称“安全承诺”是指由企业公开做出的、代表了全体员工在关注安全和追求安全绩效方面所具有的稳定意愿及实践行动的明确表示。安全承诺就是兑现落实安全生产责任，并通过公开承诺这种形式约束和规范自身的行为，接受政府、社会和从业人员的监督	**查资料：** 1. 开展安全承诺活动的记录； 2. 安全生产承诺书。 **询问：** 抽查3~15名从业人员是否了解安全承诺内容	5 ★	1. 未开展安全承诺活动，不得分； 2. 未签订安全承诺书，每人次扣1分； 3. 从业人员不了解安全承诺内容的，每人次扣1分	
		②企业应结合企业实际编制员工安全知识手册，并发放到职工	编制员工安全知识手册是宣传安全文化的一个重要载体，也是企业规范员工安全行为的一项重要措施，企业应该按照有关规定编制安全知识手册，并发放到每位员工。目的在于让所有从业人员时刻保持安全警钟长鸣，让安全意识常增，让企业发展常安	**查资料：** 1. 企业安全知识手册； 2. 安全知识手册发放记录。 **询问：** 抽查3~15名从业人员对本岗位相关的安全知识手册内容是否熟悉	5	1. 未编制安全知识手册，不得分； 2. 无发放记录，扣2分； 3. 从业人员不了解本岗位相关安全知识手册内容，每人次扣1分	

续上表

评价类目	评价项目		释义	评价方法	标准分值	评价标准	得分
十三、安全文化(30分)	2.安全行为	③企业应组织开展安全生产月活动、安全生产班组竞赛活动,有方案、有总结	每年6月我国各大部委都要组织开展安全生产月活动,安全生产月活动及有关安全生产竞赛活动已成为安全生产管理过程中的一项重要活动。通过活动营造安全生产氛围,进一步强化企业安全管理,增强从业人员的安全意识,促进企业安全生产的持续稳定。 企业应按国家、有关上级部门和行业主管部门要求,结合企业制度和实际,制定本企业的活动方案,明确指导思想、活动主题、领导组织机构、具体内容和总结上报等活动要求	**查资料:** 1. 安全生产月活动和安全生产班组竞赛活动的方案; 2. 相关活动记录; 3. 活动总结	5	1. 未制定安全生产月活动、安全生产班组竞赛活动方案的,每处扣1分; 2. 未按方案开展相关活动的,每处扣1分; 3. 未对相关活动进行总结,每处扣2分	

续上表

评价类目	评价项目		释　义	评价方法	标准分值	评价标准	得分
十三、安全文化(30分)	2.安全行为	④企业应对安全生产进行检查、评比、考评，总结和交流经验，推广安全生产先进管理方法，对在安全工作中做出显著成绩的集体、个人给予表彰、奖励，并与其经济利益挂钩	对安全生产进行多种形式的检查，有利于企业各部门、基层单位发现和整改安全隐患，通过评比、考评，有利于优秀集体或个人脱颖而出。通过对优秀集体或个人的好的安全管理经验进行总结，一方面使优者将其好的做法和经验进行提升、固化，一方面更有利于其他集体或个人进行学习，促进其安全绩效的不断改进和企业整体安全管理水平的不断提升。 至少每年对在安全工作中做出显著成绩的集体、个人给予一次表彰和奖励，并与其经济利益挂钩。一方面对优秀集体和个人的安全管理和安全行为的充分肯定和鼓励，有利于其继续保持良好的作风和传统；另一方面，有利于充分发挥优秀集体和个人的榜样和典范作用	**查资料：** 1. 安全生产评比、奖励制度； 2. 总结和交流经验，推广安全生产先进管理方法的记录； 3. 奖励表彰记录； 4. 与员工个人经济利益挂钩记录	5	1. 未建立安全生产评比、奖励制度，扣2分； 2. 未开展总结和交流经验，推广安全生产先进管理方法活动的，扣2分； 3. 未按规定对安全工作中做出显著成绩的集体、个人给予进行表彰、奖励的，扣3分； 4. 未与员工个人经济利益挂钩的，扣2分	

续上表

评价类目	评价项目		释义	评价方法	标准分值	评价标准	得分
十四、应急救援(80分)	1.预案制定	①企业应在开展安全风险评估和应急资源调查的基础上，建立生产安全事故应急预案体系，制定符合GB/T 29639—2013规定的生产安全事故应急预案，针对安全风险较大的重点场所(设施)制定现场处置方案，并编制重点岗位、人员应急处置卡	生产安全事故应急救援预案，是指生产经营单位根据本单位的实际情况，针对可能发生的事故的类别、性质、特点和范围等情况制定的事故发生时的组织、技术措施和其他应急措施。 企业确定的应急预案体系应结合企业的组织管理体系、生产规模和可能发生的事故特点，并体现自救互救和先期处置等特点。 企业风险种类多、可能发生多种类型事故的，应当编制综合应急预案。对某一种或者多种类型的事故风险可编制相应的专项应急预案，或将专项应急预案并入综合应急预案。对于危险性较大的场所、装置或设施，应编制现场处置方案。事故风险单一、危险性小的生产经营单位，可只编制现场处置方案。	**查资料：** 1. 安全风险评估报告和应急资源调查报告； 2. 生产安全事故应急预案，包括综合预案、专项预案和现场处置方案； 3. 重点岗位、人员应急处置卡	10 AR	1. 未编制安全风险评估报告和应急资源调查报告，每项扣1分； 2. 生产安全事故应急预案体系不完整，每处扣2分； 3. 现场处置方案不全，每处扣2分； 4. 重点岗位、人员应急处置卡不全，或处置卡信息不完整，每处扣1分	

续上表

评价类目	评价项目		释　义	评价方法	标准分值	评价标准	得分
十四、应急救援(80分)	1.预案制定		企业应在编制应急预案的基础上,针对工作场所、岗位的特点,编制简明、实用、有效的应急处置卡。应急处置卡应规定重点岗位、人员的应急处置程序和措施,以及相关联络人员和联系方式,便于从业人员携带				
		②应急预案应与当地政府、行业管理部门预案保持衔接,报当地有关部门备案,通报有关协作单位	根据《企业安全生产标准化基本规范》和《关于进一步加强企业安全生产工作的通知》,企业应急预案应根据有关规定报当地主管部门备案,与当地政府应急预案保持衔接,通报有关应急协作单位,并定期进行演练。 企业应在应急预案公布之日起20个工作日内,向有关部门进行告知性备案	**查资料:** 1. 获取的当地政府、行业管理部门的应急预案; 2. 应急预案报当地有关部门备案的记录; 3. 应急预案通报有关协作单位的记录	5	1. 应急预案未与行业主管部门、政府预案保持衔接,扣3分; 2. 应急预案未按规定备案,扣2分; 3. 应急预案未通报有关协作单位,扣2分; 4. 未与协作单位协调联动,扣2分	

续上表

评价类目	评价项目		释义	评价方法	标准分值	评价标准	得分
十四、应急救援(80分)	1.预案制定	③企业应组织开展应急预案评审或论证,并定期进行评估和修订	根据《企业安全生产标准化基本规范》和《生产安全事故应急预案管理办法》,应急预案应定期评审,并根据评审结果或实际情况的变化进行修订和完善,至少每3年修订一次,预案修订情况应有记录并归档	**查资料:** 1.应急预案评审管理制度; 2.应急预案评审记录:包括评审会议签到表、应急预案评审记录、结论等; 3.应急预案修订记录	5 ★★	1.企业应建立应急预案评审或论证的制度,并严格执行; 2.应急预案应定期评审,并根据评审结果进行修订; 3.应急预案应至少每3年修订一次,预案修订情况应有记录并归档	
		④应当及时修订应急预案并归档	发生以下情形时,应急预案应当及时修订并归档: ①依据的法律、法规、规章、标准及上位预案中的有关规定发生重大变化的; ②应急指挥机构及其职责发生调整的; ③面临的事故风险发生重大变化的; ④重要应急资源发生重大变化的;	**查资料:** 应急预案修订记录	2	未及时修订应急预案,每处扣1分	

续上表

评价类目	评价项目		释　义	评价方法	标准分值	评价标准	得分
十四、应急救援(80分)	1.预案制定		⑤预案中的其他重要信息发生变化的； ⑥在应急演练和事故应急救援中发现问题需要修订的； ⑦企业认为应修订的其他情况。 企业应通过及时修订应急预案，保持应急预案的全面性、准确性及可操作性				
		⑤应由企业主要负责人签署公布经评审或论证后的应急预案，并及时发放到有关部门、岗位和相关应急救援队伍。事故风险可能影响周边其他单位、人员的，企业应当将有关事故风险的性质、影响范围和应急防范措施告知周边的其他单位和人员	《生产安全事故应急预案管理办法》第二十四条规定：生产经营单位的应急预案经评审或者论证后，由本单位主要负责人签署，向本单位从业人员公布，并及时发放到本单位有关部门、岗位和相关应急救援队伍。 事故风险可能影响周边其他单位、人员的，生产经营单位应当将有关事故风险的性质、影响范围和应急防范措施告知周边的其他单位和人员	**查资料：** 1. 应急预案审批记录； 2. 应急预案发放记录； 3. 向可能影响的周边企业、单位告知记录	2	1. 应急预案未由企业主要负责人签署公布的，扣1分； 2. 未向有关部门、岗位和相关应急救援队伍发放应急预案，不得分； 3. 未向可能影响的周边企业告知事故风险、影响范围和应急防范措施的，不得分； 4. 无发放或告知记录，缺一项扣1分	

续上表

评价类目	评价项目		释义	评价方法	标准分值	评价标准	得分
十四、应急救援(80分)	1.预案制定	⑥企业应组织开展应急预案、应急知识、自救互救和避险逃生技能的培训活动，使有关人员了解应急预案内容，熟悉应急职责、应急处置程序和措施，并如实做好记录	《生产安全事故应急预案管理办法》第三十条规定：各级人民政府应急管理部门、各类生产经营单位应当采取多种形式开展应急预案的宣传教育，普及生产安全事故避险、自救和互救知识，提高从业人员和社会公众的安全意识与应急处置技能	**查资料：** 应急预案、应急知识、自救互救和避险逃生技能的培训记录。 **询问：** 抽查3～15名从业人员，是否了解应急预案内容，熟悉应急职责、应急处置程序和措施	3	1. 未开展应急预案、应急知识、自救互救和避险逃生技能的培训，不得分； 2. 培训记录不全，每处扣1分； 3. 从业人员不了解应急职责、应急处置程序和措施的，每人次扣1分	

续上表

评价类目	评价项目		释　　义	评价方法	标准分值	评价标准	得分
十四、应急救援(80分)	2. 应急队伍	①企业应按照有关规定建立应急管理组织机构或指定专人负责应急管理工作，建立与本企业安全生产特点相适应的专（兼）职应急救援队伍	《企业安全生产标准化基本规范》（GB 33000—2016）规定：企业应按照有关规定建立应急管理组织机构或指定专人负责应急管理工作，建立与本企业安全生产特点相适应的专（兼）职应急救援队伍	**查资料：** 1. 建立应急管理组织机构或专兼职应急救援队伍的文件； 2. 应急管理组织机构或专兼职应急救援队伍职责； 3. 应急救援人员名单。 **询问：** 抽查3～15名应急救援人员验证联系方式	5	1. 未建立应急管理组织机构或专兼职应急救援队伍，不得分； 2. 未明确相应的专兼职应急救援队伍的组成、职责，不得分； 3. 未汇总应急救援人员的岗位、姓名、联系方式，扣2分； 4. 应急救援人员名单中联系方式等信息不准确，每人次扣1分	

续上表

评价类目	评价项目		释义	评价方法	标准分值	评价标准	得分
十四、应急救援(80分)	2.应急队伍	②企业应组织应急救援人员日常训练	《企业安全生产标准化基本规范》(GB 33000—2016)规定:为提高应急救援队伍的应急处置能力和应急救援技能,应定期组织应急救援人员进行应急训练	**查资料:** 1.应急救援人员日常训练计划; 2.应急救援人员日常训练记录,包括签到表、训练记录、训练效果评价记录	5	1.未制定应急救援人员日常训练计划,扣3分;内容不完整,每处扣1分; 2.未按计划组织应急救援人员训练,扣3分; 3.日常训练记录不完整,每处扣1分	
		③企业应成立扑救初起火灾的组织机构,建立志愿消防队,并有明确的任务分工,以便及时扑灭初起火灾	为及时扑灭初起火灾,企业应建立志愿消防队,并有明确的任务分工	**查资料:** 1.志愿消防队员名单; 2.志愿消防队员职责	3	1.未建立志愿消防队,不得分; 2.志愿消防队未明确分工及职责,每人次扣1分	

续上表

评价类目	评价项目		释义	评价方法	标准分值	评价标准	得分
十四、应急救援(80分)	3. 应急物资	①企业应根据可能发生的事故种类特点,按照有关规定设置应急设施,配备应急装备,储备应急物资	应急装备是指用于应急管理与应急救援的工具、器材、服装、技术力量等。 《企业安全生产标准化基本规范》(GB 33000—2016)规定:企业应根据可能发生的事故种类特点,按照有关规定设置应急设施,配备应急装备,储备应急物资,建立管理台账,安排专人管理,并定期检查、维护,确保其完好、可靠	**查资料:** 应急物资购置、更新、发放记录。 **现场检查:** 救援应急物资、装备储备场所:配备应急物资/装备的种类、数量	5 AR	1. 未按规定配备救援应急物资、装备,每差一项扣1分; 2. 未及时配置和更新应急物资,每缺少一项扣0.5分; 3. 现场应急物资、装备与清单不符,每处扣1分	
		②企业应建立管理台账,安排专人管理,并定期检查、维护,确保其完好、可靠	《生产安全事故应急预案管理办法》第三十八条规定:生产经营单位应当按照应急预案的规定,落实应急指挥体系、应急救援队伍、应急物资及装备,建立应急物资、装备配备及其使用档案,并对应急物资、装备进行定期检测和维护,使其处于适用状态	**查资料:** 1. 应急物资、装备台账/档案; 2. 专人管理要求; 3. 应急物资、装备定期检查、检测、维护记录。 **现场检查:** 应急物资、装备的使用状态	5	1. 未建立应急物资、装备检查检测、维护、使用状况的台账/档案,扣3分,台账/档案不完整,每处扣1分; 2. 未明确专人管理要求,并落实职责的,扣2分; 3. 未保留应急物资、装备检查检测、维护、使用状况记录,每缺一项扣1分; 4. 现场检查,应急物资装备未处于完好和适用状态,每处扣1分	

续上表

评价类目	评价项目		释义	评价方法	标准分值	评价标准	得分
十四、应急救援(80分)	4.应急演练	①企业应按照《生产安全事故应急演练指南》(AQ/T 9007—2011)的规定定期组织公司(厂)、车间(工段、区、队、船、项目部)、班组开展生产安全事故应急演练,做到一线从业人员参与应急演练全覆盖	应急预案演练是指针对可能发生的事故、按照应急预案规定的程序和要求所进行的程序化模拟训练演练。 《生产安全事故应急预案管理办法》规定:生产经营单位应当制定本单位的应急预案演练计划,根据本单位的事故风险特点,每年至少组织一次综合应急预案演练或者专项应急预案演练,每半年至少组织一次现场处置方案演练	**查资料:** 1. 应急预案演练计划; 2. 应急预案演练记录,包括应急预案演练通知、演练方案、演练签到表、演练过程记录及影像资料	10 ★★	1. 应制定应急预案演练计划; 2. 应组织开展应急演练,并保留应急演练记录,包括应急预案演练通知、演练方案、演练签到表、演练过程记录及影像资料; 3. 应急演练记录应完整、齐全,真实	

续上表

评价类目	评价项目		释义	评价方法	标准分值	评价标准	得分
十四、应急救援(80分)	4.应急演练	②企业应按照《生产安全事故应急演练评估规范》(AQ/T 9009—2015)的规定对演练进行总结和评估,根据评估结论和演练发现的问题,修订、完善应急预案,改进应急准备工作	《生产安全事故应急预案管理办法》规定:应急预案演练结束后,应急预案演练组织单位应当对应急预案演练效果进行评估,撰写应急预案演练评估报告,分析存在的问题,并对应急预案提出修订意见	**查资料:** 1.对应急演练进行总结、评估的规定(明确责任人和要求); 2.应急演练总结、评审记录; 3.演练发现问题的分析整改资料; 4.应急预案修订记录	5	1.未明确对应急演练进行总结、评估规定(明确责任人和要求)的,扣2分; 2.应急演练后未进行总结评估的,扣2分; 3.评估总结记录不完整,每处扣1分; 4.问题分析整改资料不完整,每处扣1分; 5.未针对问题对应急预案提出修订意见,并及时修订的,扣3分	
	5.应急处置	发生事故后,企业应根据预案要求,立即启动应急响应程序,按照有关规定报告事故情况,并开展先期处置	《生产安全事故应急预案管理办法》第三十九条规定:生产经营单位发生事故时,应当第一时间启动应急响应,组织有关力量进行救援,并按照规定将事故信息及应急响应启动情况报告事故发生地县级以上人民政府应急管理部门和其他负有安全生产监督管理职责的部门	**查资料:** 1.事故报告记录; 2.现场处置记录	5	1.发生事故后,未按规定及时启动应急预案,并实施现场应急处置的,不得分; 2.应急预案不能起到快速反应,迅速处置,避免人员伤亡、减少财产损失、降低环境污染程度,扣3分	

续上表

评价类目	评价项目		释义	评价方法	标准分值	评价标准	得分
十四、应急救援(80分)	6.应急评估	①企业应对应急准备、应急处置工作进行评估	应急准备评估是对政府、生产经营单位的应急管理机构、应急预案编制、应急培训、应急演练、应急队伍、应急资源等进行评估，以确保其具备相应的应急准备能力、保存其持续改进机制，并形成书面报告的活动	**查资料：** 1. 应急准备/应急处置评估管理规定； 2. 应急准备/应急处置评估计划，可包括动态评估、静态评估； 3. 应急准备/应急处置评估记录、评估报告； 4. 评估发现问题的整改、落实资料	5 ★	1. 未制定应急准备、应急处置评估相关规定，扣2分； 2. 未按计划开展应急准备/应急处置评估，评估报告内容不全，每处扣1分； 3. 应急准备、应急处置评估记录、问题整改记录不完整，每处扣1分	
		②运输、储存危险物品或处置废弃危险物品的企业，应每年进行一次应急准备评估	安全生产应急准备评估指南中要求被评估单位至少每年组织一次安全生产应急准备评估，所编制的评估报告应针对评估过程中发现的问题制定整改措施，并组织落实	**查资料：** 1. 年度应急准备评估计划； 2. 年度应急准备评估记录、评估报告； 3. 评估发现问题、整改措施及落实资料	3	1. 未制定年度应急准备评估计划，扣1分； 2. 未按计划安排组织应急准备评估，扣3分； 3. 评估记录、评估报告、评估问题的整改资料不完整，每处扣1分	

续上表

评价类目	评价项目		释　　义	评价方法	标准分值	评价标准	得分
十四、应急救援(80分)	6.应急评估	③完成险情或事故应急处置后,企业应主动配合有关组织开展应急处置评估	为了掌握公司应对险情或生产安全事故的情况,对公司应急能力进行评估,找出应急准备、应急处置的薄弱环节。制定相应的措施加强应急能力	**查资料:** 发生险情或事故,采取应急处置措施后,企业主动配合有关组织开展应急处置评估的记录	2	1. 完成事故应急处置后,企业未配合有组织开展应急处置评估,不得分; 2. 完成事故应急处置后,企业配合有组织开展应急处置评估,未保留评估报告,扣1分	
十五、事故报告调查处理(50分)	1.事故报告	①企业应建立事故报告程序,明确事故内外部报告的责任人、时限、内容等,并教育、指导从业人员严格按照有关规定的程序报告发生的生产安全事故	企业应按照《生产安全事故报告和调查处理条例》规定:事故发生后,事故现场有关人员应当立即向本单位负责人报告;单位负责人接到报告后,应当于1h内向事故发生地县级以上人民政府安全生产监督管理部门和负有安全生产监督管理职责的有关部门报告	**查资料:** 安全生产事故报告程序。 **现场询问:** 抽查3~15名从业人员是否了解安全生产事故报告程序	5	1. 未建立安全生产事故报告程序,不得分;程序不合规,每处扣2分; 2. 从业人员对事故报告程序不清楚,每人次扣1分	

续上表

评价类目	评价项目		释义	评价方法	标准分值	评价标准	得分
十五、事故报告调查处理(50分)	1.事故报告	②发生事故后,现场负责人和企业应迅速采取有效措施,组织抢救,防止事故扩大,减少人员伤亡和财产损失,按规定及时、如实向有关部门报告,没有瞒报、谎报、迟报等情况	1.事故发生后,现场负责人应迅速采取有效措施,组织抢救,防止事故扩大,减少人员伤亡和财产损失; 2.及时、准确、如实向有关部门报告,没有瞒报、谎报、迟报情况; 3.事故报告应包括下列内容:事故发生概况;事故发生时间、地点以及事故现场情况;事故简要经过;事故已造成或者可能造成的伤亡人数(包括失踪的人数)、水域环境污染情况下、初步估计的直接经济损失;已经采取的措施等	**查资料:** 1.安全生产事故现场处置记录; 2.安全生产事故报告记录	5 ★★	1.发生事故后,企业应及时进行事故现场处置; 2.企业应按照《生产安全事故报告和调查处理条例》《关于印发港口生产安全事故统计报表制度的通知》(厅水字〔2010〕247号)等规定,及时、准确、如实向有关部门报告安全生产事故,不得有瞒报、谎报、迟报	
		③企业应跟踪事故发展情况,及时续报事故信息	《生产安全事故报告和调查处理条例》规定:事故报告后出现新情况的,应当及时补报	**查资料:** 安全生产事故续报记录	5	1.未明确及时续报事故信息要求,扣3分; 2.未保留事故续报记录,扣2分,记录不完整,每处扣1分	

续上表

评价类目	评价项目		释　　义	评价方法	标准分值	评价标准	得分
十五、事故报告调查处理（50分）	2. 事故调查处理	①企业应建立内部事故调查和处理制度，按照有关规定、行业标准和国际通行做法，将造成人员伤亡（轻伤、重伤、死亡等人身伤害和急性中毒）和财产损失的事故纳入事故调查和处理范畴	按照有关规定、行业标准和国际通行做法，将造成人员伤亡（轻伤、重伤、死亡等人身伤害和急性中毒）和财产损失的事故纳入事故调查和处理范畴	**查资料：** 事故调查和处理制度	5	1. 未制定事故调查和处理制度，不得分；制度规定不合理、不完善，每处扣1分； 2. 未将造成人员伤亡（轻伤、重伤、死亡等人身伤害和急性中毒）和财产损失的事故纳入事故调查和处理范畴的，每缺一项扣1分	
		②企业应积极配合各级人民政府组织的事故调查，随时接受事故调查组的询问，如实提供有关情况	发生事故后，配合上级部门的事故调查是企业法定责任和义务。企业按照《生产安全事故报告和调查处理条例》配合上级部门，事故调查时应及时如实提供有关情况	**查资料：** 1. 事故台账； 2. 事故档案	5	1. 未按规定成立事故调查组进行内部调查或未积极配合各级人民政府组织的事故调查，不得分； 2. 未积极配合事故调查及如实提供有关情况，不得分； 3. 未按规定进行调查的，扣3分； 4. 未建立事故台账、事故档案，不得分； 5. 事故台账和档案资料不完整，每处扣1分	

续上表

评价类目	评价项目		释义	评价方法	标准分值	评价标准	得分
十五、事故报告调查处理(50分)	2.事故调查处理	③企业应按时提交事故调查报告,分析事故原因,落实整改措施	按照《生产安全事故报告和调查处理条例》要求,按时提交事故调查报告,分析事故原因,落实整改措施	**查资料:** 1. 事故调查报告; 2. 整改措施资料	5	1. 事故调查报告内容不充分,每处扣1分; 2. 未及时上报事故调查报告,扣2分	
		④发生事故后,企业应及时组织事故分析,并在企业内部进行通报。并应按时提交事故调查报告,分析事故原因,落实整改措施	发生事故后,企业有义务按照"四不放过"原则对事故发生的原因进行分析,分析事故的直接、间接原因和事故责任,提出整改措施和处理建议	**查资料:** 事故原因分析整改措施及落实记录	5	1. 未对事故发生的原因进行分析,不得分;资料不完整,每处扣1分; 2. 未制定落实整改措施并落实的,每处扣2分。 3. 未及时对事故当事人进行各环节、全过程责任倒查及处理,扣2分	

续上表

评价类目	评价项目		释义	评价方法	标准分值	评价标准	得分
十五、事故报告调查处理（50分）	2.事故调查处理	⑤企业应按“四不放过”原则严肃查处事故，严格追究责任领导和相关责任人。处理结果报上级主管部门备案	查事故档案和事故调查相关记录，看企业按照“四不放过”（事故原因未查清不放过，责任人员未处理不放过，整改措施未落实不放过，有关人员未受到教育不放过）原则进行整改情况	**查资料：** 1.安全生产事故追究制度； 2.事故处理记录； 3.责任追究记录/档案； 4.事故追责处理结果报上级主管部门备案资料	5 ★	1.未制定安全生产事故责任追究制度，不得分；制度不完善，每处扣1分； 2.未按“四不放过”原则进行事故处理，不得分； 3.对责任领导和相关责任人未追究责任的，每人次扣1分； 4.处理结果未报有关部门备案，扣3分	
		⑥发生事故后，企业应及时召开安全生产分析通报会，对事故当事人的聘用、培训、考评、上岗以及安全管理等情况进行责任倒查	事故处理的“四不放过”原则要求对安全生产事故必须进行严肃认真的调查处理，接受教训，防止同类事故重复发生	**查资料：** 1.事故通报； 2.对事故当事人的聘用、培训、考评、上岗以及安全管理等情况进行责任倒查的究记录	3	1.未及时进行事故通报，扣2分； 2.未对事故当事人的聘用、培训、考评、上岗以及安全管理等情况进行责任倒查，每次扣2分	

续上表

评价类目	评价项目		释义	评价方法	标准分值	评价标准	得分
十五、事故报告调查处理(50分)	2. 事故调查处理	⑦企业应定期组织员工开展事故/事件案例分析讲评,以杜绝类似事故/事件的再次发生	《生产安全事故报告和调查处理条例》第三十三条规定:事故发生单位应当认真吸取事故教训,落实防范和整改措施,防止事故再次发生	**查资料:** 事故/事件案例分析讲评记录/档案	2	1. 未开展事故/事件案例分析讲评工作的,不得分; 2. 事故/事件案例分析讲评记录的,每次扣1分	
	3. 事故档案管理	企业应建立事故档案和管理台账,将承包商、供应商等相关方在企业内部发生的事故纳入本企业事故管理	《交通运输企业安全生产标准化建设基本规范》规定:企业应建立事故档案和管理台账,将承包商、供应商等相关方在企业内部发生的事故纳入本企业事故管理	**查资料:** 1. 承包商、分包商安全事故管理规定; 2. 事故档案和事故管理台账; 3. 承包商、供应商事故调查处理资料	5	1. 未制定承包商、分包商安全事故管理规定,扣5分;内容不充分,每处扣1分; 2. 未按规定对供应商、分包商安全生产事故进行管理,扣3分; 3. 事故调查处理资料不完整,每处扣1分; 4. 供应商、分包商事故档案和管理台账不全,有1处扣1分	

续上表

评价类目	评价项目		释义	评价方法	标准分值	评价标准	得分
十六、绩效评定与持续改进(30分)	1.绩效评定	①企业应每年至少一次对本单位安全生产标准化的运行情况进行自评,验证各项安全生产制度措施的适宜性、充分性和有效性	企业应按要求每年至少一次全面、系统地与本标准逐条、逐项进行判断和对比、打分、综合分析对本单位安全生产标准化的实施情况进行评定,验证各项安全生产制度措施的适宜性、充分性和有效性,总结安全生产工作现状,查找问题,持续改进	**查资料:** 1. 安全生产标准化自评管理规定; 2. 自评活动记录	10	1. 未建立安全生产标准化自评管理制度的,扣5分; 2. 未按规定频次组织自评,不得分; 3. 自评活动的策划、实施、总结、报告等不完整,每缺一项扣2分; 4. 记录不符合要求的,每处扣2分	
		②企业主要负责人应全面负责自评工作。自评应形成正式文件,并将结果向所有部门、所属单位和从业人员通报,作为年度考评的重要依据	安全生产标准化自评工作应由企业主要负责人组织实施,自评结果要经主要负责人确认后向所有部门、所属单位和从业人员通报,并将结果作为年度评价的重要依据。自评报告内容应包含《交通运输企业安全生产标准化建设评价管理办法》中要求的全部内容	**查资料:** 1. 主要负责人组织实施自评工作的证明材料; 2. 安全生产标准化自评记录; 3. 自评结果向所有部门、所属单位和从业人员通报的证明材料	10	1. 主要负责人未组织实施自评工作,扣5分; 2. 无自评记录,不得分;自评报告不符合规范要求,每处扣2分; 3. 自评报告未向所有部门、所属单位和从业人员通报的,扣5分	

续上表

评价类目	评价项目		释义	评价方法	标准分值	评价标准	得分
十六、绩效评定与持续改进(30分)	2. 持续改进	企业应根据安全生产标准化管理体系的自评结果和安全生产预测预警系统所反映的趋势,以及绩效评定情况,客观分析企业安全生产标准化管理体系的运行质量,及时调整完善安全生产目标、指标、规章制度、操作规程等相关管理文件和过程管控,持续改进,不断提高安全生产绩效	企业安全管理体系是指企业内部全部管理体系中专门管理安全工作的部分,包括为制定、实施、实现、评审和保持安全生产方针、目标所需的组织机构、职责、惯例、程序、过程和资源。 企业应制定安全生产标准化管理综合评价与改进制度,明确综合评价改进责任部门和相关责任人。 综合评价与改进的内容应包括与企业安全生产工作有关事项,至少包括标准化自评结果,安全生产预测预警系统所反映的趋势,以及绩效评定情况,一般通过会议形式进行,由企业安全生产第一责任人主持,各相关部门分别提供年度分析报告,制度还应明确会议计划制定与印发、会议材料准备、会议记录、综合评价与改进报告、发现问题的处理等责任人和主要内容。	**查资料:** 1. 安全生产标准化综合管理评价与改进管理制度; 2. 调整完善安全生产目标、指标、规章制度、操作规程等相关管理文件和过程管控的记录 3. 综合评价与改进过程中发现问题的整改情况; 4. 查相关机构颁发的管理体系认证证书	10	1. 未制定安全管理体系综合评价与改进制度,扣5分; 2. 未按要求对安全生产标准化管理体系进行综合评价分析,扣5分; 3. 未对评价分析出的问题提出整改措施并组织实施的,每处扣2分; 4. 无调整完善安全生产目标、指标、规章制度、操作规程等相关管理文件和过程管控的记录,每处扣1分; 5. 未取得有效的管理体系认证证书,扣5分	

续上表

评价类目	评价项目		释义	评价方法	标准分值	评价标准	得分
十六、绩效评定与持续改进(30分)	2.持续改进		安全生产标准化管理综合评价与改进工作一般安排在年度自评以后,对考评情况进行综合分析评定。 每年安全生产标准化管理综合评价与改进后,应全面综合分析企业安全生产标准化管理工作,着眼长效,运用系统化和标准化管理的原理,完善各项安全生产目标指标、管理制度、操作规程等文件和控制过程,形成企业安全生产管理体系,以持续改进,不断提高安全生产绩效				

评分说明:

1."★"为一级必备条件;"★★"为一、二级必备条件;"★★★"为一、二、三级必备条件,即所有一级企业必须满足一、二、三星要求,二级企业需满足二、三星要求,三级企业需满足三星要求。
2.除满足上述星项要求外,带有标注"AR"(Additional requirements 的意思)的项目执行限制扣分要求,申请一级的企业该项目扣分分值不得超过该项分值的10%,申请二级的企业该项目扣分分值不得超过该项分值的25%,申请三级的企业该项目扣分分值不得超过该项分值的40%,所有"★"项,二、三级企业按照"AR"项要求执行,所有"★★"项,三级企业按照"AR"项要求执行,所有评分项目中存在一项超过上述扣分要求的为达标建设不合格。
3.所有指标中要求的内容,如评审企业不涉及此项工作或当地主管机关未要求开展的,视为不涉及项处理,所得总分按照千分制比例进行换算。如:某企业不涉及项分数为100分,对照千分表去除不涉及项得分为720分,则最终评价得分为720/900×1000=800分。

第二章 港口危险货物码头企业安全生产标准化评价扣分表

评价类目	评价项目		标准分值	得分
一、目标与考核(30 分)	1. 企业应结合实际制定安全生产目标		5 ★★	
	2. 企业应根据安全生产目标制定可考核的安全生产工作指标,指标应不低于上级下达的目标		5	
	3. 企业应制定实现安全生产目标和工作指标的措施		5	
	4. 企业应制定安全生产年度计划和专项活动方案,并严格执行		5	
	5. 企业应将安全生产工作指标进行细化和分解,制定阶段性的安全生产控制指标,并予以考核		5	
	6. 企业应建立安全生产目标考核与奖惩的相关制度,并定期对安全生产目标完成情况予以考核与奖惩		5	
二、管理机构和人员(35 分)	1. 安全生产管理机构	①企业应建立以企业主要负责人为领导的安全生产委员会(或安全生产领导小组),并应职责明确。应建立健全从安全生产委员会(或安全生产领导小组)至基层班组的安全生产管理网络	10 ★★	
		②企业应按规定设置与企业规模相适应的安全生产管理机构	5 ★★	
		③企业应定期召开安全生产委员会或安全生产领导小组会议。安全生产管理机构或下属分支机构每月至少召开一次安全工作例会	5 AR	

续上表

评价类目	评价项目		标准分值	得分
二、管理机构和人员(35分)	2. 安全管理人员	①企业应按规定配备专(兼)职安全生产和应急管理人员	5 ★★	
		②企业的主要负责人和安全生产管理人员应具备与本企业所从事的生产经营活动相适应的安全生产和职业卫生知识与能力,并保持安全生产管理人员的相对稳定	5	
		③企业应当聘用注册安全工程师从事安全管理工作	5 ★★	
三、安全责任体系(40分)	1. 健全责任制	①企业应建立安全生产责任制,明确安全生产委员会(或安全生产领导小组)、安全生产管理机构、各职能部门、生产基层单位的安全生产职责,层层签订安全生产责任书,并落实到位	10 AR	
		②企业主要负责人或实际控制人是本企业安全生产第一责任人,对本企业安全生产工作全面负责,负全面组织领导、管理责任和法律责任,并履行安全生产的责任和义务	5 ★★	
		③分管安全生产的企业负责人是安全生产的重要负责人,应协助企业安全生产第一责任人落实各项安全生产法律法规、标准,统筹协调和综合管理企业的安全生产工作,对本企业安全生产负重要管理责任	5	
		④其他负责人及员工实行"一岗双责",对业务范围内的安全生产工作负责	10	

续上表

<table>
<tr><th>评价类目</th><th colspan="2">评 价 项 目</th><th>标准分值</th><th>得分</th></tr>
<tr><td>三、安全责任体系(40 分)</td><td>2. 责任制考评</td><td>企业应根据安全生产责任进行定期考核和奖惩,并公布考评结果和奖惩情况</td><td>10
AR</td><td></td></tr>
<tr><td rowspan="5">四、资质、法律法规与安全生产管理制度(85 分)</td><td rowspan="2">1. 资质</td><td>①企业的《企业法人营业执照》应合法有效,经营范围应符合要求</td><td>5
★★</td><td></td></tr>
<tr><td>②港口经营许可证、港口危险货物作业附证应合法有效,经营范围应符合要求</td><td>5
★★</td><td></td></tr>
<tr><td rowspan="3">2. 法律法规及标准规范</td><td>①企业应制定及时识别、获取适用的安全生产法律法规、规范标准及其他要求的管理制度,明确责任部门,建立清单和文本(或电子)档案,并定期发布</td><td>5</td><td></td></tr>
<tr><td>②企业应及时对从业人员进行适用的安全生产法律法规、规范标准宣贯,并根据法规标准和相关要求及时制定(修订)本企业安全生产管理制度</td><td>5</td><td></td></tr>
<tr><td>③每年应至少一次对适用的安全生产法律、法规、标准及其他要求进行符合性评价,以保证所有安全生产法律、法规、标准及其他要求均为适用、有效版本</td><td>5</td><td></td></tr>
</table>

续上表

<table>
<tr><th>评价类目</th><th colspan="2">评价项目</th><th>标准分值</th><th>得分</th></tr>
<tr><td rowspan="9">四、资质、法律法规与安全生产管理制度(85分)</td><td rowspan="5">3. 安全管理制度</td><td>①企业应制定安全生产与职业卫生管理制度</td><td>8</td><td></td></tr>
<tr><td>②企业应建立健全安全生产规章制度,并征求工会及从业人员意见和建议,规范安全生产管理工作</td><td>2</td><td></td></tr>
<tr><td>③企业制定的安全生产管理制度应符合国家现行的法律法规的要求</td><td>5</td><td></td></tr>
<tr><td>④企业应组织从业人员进行安全生产管理制度的学习和培训</td><td>5</td><td></td></tr>
<tr><td>⑤企业应确保从业人员及时获取制度文本</td><td>2</td><td></td></tr>
<tr><td rowspan="4">4. 操作规程</td><td>①企业应按照有关规定,结合企业港口货物装卸/储运工艺、设备设施的特点、装卸/储存货物的种类及特性、岗位作业安全风险,编制齐全适用的岗位安全生产操作规程,发放到相关岗位员工,并严格执行</td><td>5
★★</td><td></td></tr>
<tr><td>②企业应在新技术、新材料、新工艺、新设备设施投产或投用前,组织编制相应的操作规程,保证其适用性</td><td>5</td><td></td></tr>
<tr><td>③企业应确保从业人员参与岗位安全生产操作规程的编制和修订工作</td><td>3</td><td></td></tr>
<tr><td>④企业应及时将操作规程发放到相关岗位,组织对从业人员进行操作规程的培训</td><td>5</td><td></td></tr>
</table>

续上表

评价类目	评价项目		标准分值	得分
四、资质、法律法规与安全生产管理制度(85分)	5. 修订	企业应明确评审和修订安全生产管理制度和操作规程的时机和频次,定期进行评审和修订,确保其有效性、适用性、与相关法律法规的符合性。企业应及时组织相关人员培训学习修订后的安全生产管理制度和操作规程,保证使用最新有效版本的安全生产管理制度和操作规程	10	
	6. 制度执行及档案管理	①企业每年至少一次对安全生产法律法规、标准规范、规章制度、操作规程的执行情况进行检查	5	
		②企业应建立和完善各类台账和档案,并按要求及时报送有关资料和信息	5 AR	
五、安全投入(40分)	1. 资金投入	①安全生产费用的提取至少应以上年度实际营业收入的1.5%平均逐月提取	15 ★★	
		②安全生产经费应专款专用,按规定的安全生产费用使用范围合理使用,企业应保证安全生产投入的有效实施	10	
		③企业应及时投入满足安全生产条件的所需资金	5 AR	
	2. 费用管理	①企业应建立安全生产费用台账	5	
		②企业应跟踪、监督安全生产费用使用情况。企业安全生产费用应按照"企业提取、政府监管、确保需要、规范使用"的原则进行管理	5	

续上表

评价类目	评价项目		标准分值	得分
六、生产工艺与设备设施(150分)	1. 一般要求	①企业应根据总平面布置、装卸/储存货种、吞吐量、储存方式等情况选择合适的符合规范要求的装卸、储存、过驳、扫线、伴热/保温、堆存、拆装箱等工艺	5 ★★	
		②企业应按规定对建设项目的立项阶段、设计阶段和竣工验收阶段规范管理,确保建设项目安全设施与建设项目的主体工程同时设计、同时施工、同时投入生产和使用	5 AR	
		③企业应明确设备设施选型、购买、安装、验收、使用、维护、拆除、报废各个环节的管理要求,使用质量合格、符合设计要求的生产设备设施	4	
		④企业应编制设备设施检维修计划,建立设备设施点检/巡检卡,实行日常检查、定期检测与特殊检测相结合的管理模式,对出现的异常现象和故障及时处理,并保存记录	4	
		⑤设备设施检维修前应制定检维修方案	2	
		⑥设备设施检维修过程中应执行隐患控制措施并进行监督检查	4	
		⑦拆除作业前应制定拆除方案	4	
		⑧应建立设备设施台账、档案	4	

续上表

评价类目	评价项目		标准分值	得分
六、生产工艺与设备设施(150分)	2. 工艺设备	①应配备符合相关安全规范和技术要求的设备,设备相关证书应齐全有效	10 AR	
		②应按规定对设备进行检查、维护、检验,检验证书应合法有效	4	
	3. 港口设施	①企业应具备满足安全生产需要的建筑、场地、消防等设施,并符合相关安全规范和技术要求	10 ★★	
		②企业应设立港口设施维护管理部门,并配备相应的专职人员	2	
		③企业应组织对港口设施的技术状态进行评估	2	
		④企业应加强对港口设施的检查、检测、评估和维修,保持港口设施处于良好技术状态	2	
		⑤企业应按照有关技术规范、标准的规定,对本企业的港口设施实施定期检查、定期测量观测、定期检测和特殊检测	2	
		⑥企业应制定港口设施维护计划、组织编制港口设施维护技术方案、组织实施港口设施维护工程	3	
		⑦企业应建立港口设施维护技术档案,档案应包括基础资料及维护管理资料	3	
		⑧企业应向上级主管部门上报港口设施维护管理相关信息、港口设施事故报告和港口设施大修和报废工作信息	2	

续上表

评价类目	评 价 项 目		标准分值	得分
六、生产工艺与设备设施(150分)	4.安全防护与控制设备	①应根据装卸、储存的危险货物的种类和危险特性,按照国家有关规定和标准,在作业场所设置相应的检测、监控、通风、防晒、调温、防火、灭火、防爆、泄压、防毒、中和、防潮、防雷、防静电、防腐、防泄漏、紧急疏散通道以及防护围堤或者隔离操作等安全设施、设备	10 AR	
		②应按规范要求设置装卸/储存工艺控制系统,应具备超限报警、紧急制动、防止误操作等安全防护功能	5 AR	
		③企业应按照规范设置宣传告示设备、安全警告标志、指示牌	4	
		④应严格执行安全防护与控制设备管理制度,对设备进行经常性维护、检测,保证其能正常使用	3	
		⑤安全防护与控制设备应有专人负责管理,并应建立安全防护与控制设备台账	5	
	5.特种、强检设备	①企业应指定专人对特种设备进行管理。特种设备投入使用前或者投入使用后30日内,企业应当向直辖市或者设区的市特种设备监督管理部门登记注册。登记标志应当置于或者附着于该特种设备的显著位置	10 AR	
		②企业应将使用的强检设备登记造册,报当地县(市)级人民政府计量行政部门备案,并向其指定的计量检定机构申请周期检定。不得使用未经检定或经检定不合格的强检设备	4	

续上表

<table>
<tr><th>评价类目</th><th colspan="2">评 价 项 目</th><th>标准分值</th><th>得分</th></tr>
<tr><td rowspan="8">六、生产工艺与设备设施(150分)</td><td rowspan="4">6. 消防设备设施</td><td>①企业应按相关标准规范要求配备相应等级和危险类别的消防控制系统、火灾报警系统、消防给水系统、泡沫/干粉灭火系统等设备设施、器材,并设置消防安全标志</td><td>10
AR</td><td></td></tr>
<tr><td>②企业应制定消防设备设施管理制度,消防设备设施应有专人负责,定期组织检查、维修,保存检验、维修记录,确保所有消防设备设施可靠、有效,随时可用</td><td>5</td><td></td></tr>
<tr><td>③企业应保障消防通道畅通,消防通道应有明显的指示标志</td><td>10
AR</td><td></td></tr>
<tr><td>④企业应建立消防设备设施台账</td><td>5</td><td></td></tr>
<tr><td rowspan="3">7. 电气安全</td><td>①企业应按照国家相关法律法规规范码头电气安全管理,满足一、二级配电标准</td><td>3</td><td></td></tr>
<tr><td>②爆炸危险场所应根据爆炸危险区域的划分采用相应的符合要求的防爆电气设备</td><td>2</td><td></td></tr>
<tr><td>③应定期对防爆电气设备配电系统的继电保护装置、设备的绝缘电阻、电缆的绝缘状况等进行检查,并保留检查记录,未经检查或检查不合格的防爆电气设备不得使用</td><td>2</td><td></td></tr>
</table>

续上表

评价类目	评价项目		标准分值	得分
七、科技创新与信息化（35分）	1. 科技创新及应用	①企业应使用先进的、安全性能可靠的新技术、新工艺、新设备和新材料，优先选购安全、高效、节能的先进设备	10	
		②企业应组织开展安全生产科技攻关或课题研究	10	
		③企业应设有安全生产管理系统或平台，利用现代科技手段，提升安全管理水平	5	
	2. 科技信息化	①企业应根据企业实际情况开展科技信息化系统的建设	5	
		②应建立健全安全监管信息化软硬件设备安全管理制度，保证企业安全监管信息系统的安全	5	
八、教育培训（100分）	1. 培训管理	①企业应按规定开展安全教育培训，明确安全教育培训目标、内容和要求，定期识别安全教育培训需求，制定并实施安全教育培训计划	5	
		②企业应组织安全教育培训，保证安全教育培训所需人员、资金和设施	5	
		③企业应做好安全教育培训记录，建立从业人员安全教育培训档案	10 AR	
		④企业应组织对培训效果进行评估，改进提高培训质量	5	

续上表

评价类目	评价项目		标准分值	得分
八、教育培训（100分）	2. 资格培训	①企业的特种设备作业人员应按有关规定参加安全教育培训，取得《特种设备作业人员证》后，方可从事相应的特种设备作业或者管理工作，并按规定定期进行复审	10 ★★	
		②企业的特种作业人员应经专门的安全技术培训并考核合格，取得《中华人民共和国特种作业操作证》后，方可上岗作业，并按规定定期进行复审。离开特种作业岗位6个月以上的特种作业人员，应重新进行实际操作考试，经确认合格后方可上岗作业	10 AR	
		③主要负责人和安全管理人员应接受安全培训，并取得安全资格证书	3 ★★	
		④装卸管理人员、申报员、检查员应经过专门的培训并考核合格，具备相应从业条件，取得相应种类的《危险化学品水路运输从业资格证书》，方可从事相应的作业	2 ★★	
	3. 宣传教育	企业应组织开展安全生产的法律、法规和安全生产知识的宣传、教育	5	
	4. 从业人员培训	①未经安全生产培训合格的从业人员，不得上岗作业	5	
		②从业人员应每年接受再培训，培训时间不得少于规定学时	5	
		③对离岗一年重新上岗、转换工作岗位的人员，应进行岗前培训。培训内容应包括安全法律法规、安全管理制度、岗位操作规程、风险和危害告知等，与新岗位安全生产要求相符合	5	

续上表

评价类目	评价项目		标准分值	得分
八、教育培训（100分）	4. 从业人员培训	④应对新员工进行三级安全教育培训，经考核合格后，方可上岗。培训时间不得少于规定学时	10 AR	
		⑤企业使用被派遣劳动者的，应纳入本企业从业人员统一管理，进行岗位安全操作规程和安全操作技能的教育和培训	5	
		⑥应在新技术、新设备投入使用前，对管理和操作人员进行专项培训	5	
		⑦企业应对相关方进港作业人员进行进港安全教育，发放临时进港证，保存安全教育记录	3	
		⑧企业应告知外来参观、学习等人员遵守进港有关安全规定及安全注意事项	2	
	5. 规范档案	企业应当建立安全生产教育和培训档案，如实记录安全生产教育和培训的时间、内容、参加人员以及考核结果等情况	5	
九、作业管理（155分）	1. 一般要求	①作业现场与周边设施的距离应符合相关规定	5 ★★	
		②企业应严格执行操作规程和安全生产作业规定，不得违章指挥、违章操作、违反劳动纪律	10	
		③企业应具有与经营规模、范围相适应的专业技术人员、管理人员和操作人员	5	

续上表

评价类目	评价项目		标准分值	得分
九、作业管理（155分）	1. 一般要求	④在下达生产任务的同时，布置安全生产工作要求，管理人员应按照有关规定合理安排作业区域、机械设备、作业人员和作业时间，不得超能力、超强度、超定员作业	10	
		⑤应按装卸货物种类，制定作业指导书，作业指导书应包含操作规程	5	
		⑥企业应制定危险作业的安全监督管理制度，明确责任部门、人员、许可范围、审批程序、许可签发人员等	5	
		⑦企业应严格履行作业许可审批手续，作业许可应包含安全风险分析、安全及职业病危害防护措施、应急处置等内容。作业许可实行闭环管理	5	
		⑧企业应指定专人对危险作业进行现场管理，严格执行巡回检查制度	5	
		⑨作业人员应了解装卸货种的危险有害特性及储存温度、管道安全流速、最高允许压力、储罐的安全液位、堆存要求等信息	5	
		⑩作业场所及设施设备应采用可靠的防雷和防静电接地措施	2	
		⑪货物堆放、存储与运输应符合相关安全规范和技术要求	5	
		⑫企业应按规定开展防火检查和防火巡查工作	3	
		⑬企业应建立装卸工作台账，并规范填写	5	

续上表

评价类目	评价项目		标准分值	得分
九、作业管理（155分）	2. 作业流程	①作业前应向港口主管机关进行申报，应当划定作业区域，明确责任人并实行封闭式管理。作业区域应当设置明显标志，无关人员不得进入，无关船舶不得停靠，并进行安全条件确认	10	
		②应严格执行船岸检查制度，认真落实《船岸安全检查表》的要求，并按协商好的装卸程序进行作业	5	
		③作业过程中应根据规范要求进行操作	5	
		④作业结束后相关作业设备设施应恢复原状，工属具等应放在规定位置	5	
		⑤液体化工品装卸/储存结束后，应保证足够的静电置放时间	3	
		⑥应严格执行危险货物储存、出入库安全管理制度，按照相关技术标准规定的储存方法、储存数量和安全距离，实行隔离、隔开、分离储存，危险货物与禁忌物品不得混合储存；危险货物专用仓库应符合相关技术标准对安全、消防的要求，设置明显标志，并由专人管理；危险货物出入库应当进行核查登记，并定期检查。不得储存没有安全技术说明书和安全标签的危险货物	5	

续上表

评价类目	评价项目		标准分值	得分
九、作业管理（155分）	2. 作业流程	⑦进入装卸区、危险品集装箱堆场、危险品箱拆装箱库、危险货物滚装汽车待渡场、散装或包装危险货物堆场/仓库的机动车辆应办理相关手续，按指定路线行驶。进入石油化工码头装卸区的机动车辆还应配带标准阻火器	2	
		⑧剧毒化学品应专用储罐储存或专用仓库单独存放，实行双人收发、双人保管制度。企业应将储存剧毒化学品的数量、地点以及管理人员的情况，报当地公安部门和安全生产监督管理部门备案	5	
	3. 安全值班	企业应制定并落实安全生产值班计划和值班制度，重要时期应实行领导到岗带班，并做好值班记录	5	
	4. 相关方管理	①两个或两个以上单位共用同一设施设备进行生产经营的，现场安全生产管理职责应明确，并落实到位	8	
		②企业对外发包或出租生产经营项目、场所、设备时，应对其资格预审、选择、服务前准备、作业过程、提供的产品、技术服务、表现评估、续用等进行管理，并应建立合格相关方的名录和档案，根据服务作业行为定期识别服务行为风险，采取行之有效的控制措施	10	
		③企业应与外来施工（作业）方签订安全协议，明确双方各自的安全责任	6	

续上表

评价类目	评 价 项 目		标准分值	得分
九、作业管理（155分）	4. 相关方管理	④企业应对短期合同工、临时用工、实习人员、外来参观人员、客户及其车辆等进入作业现场有相应的安全管理制度和措施	5	
		⑤企业对可能危及危险化学品管道安全的施工作业，企业应与施工单位共同制定应急预案，采取相应的安全防护措施，并指派专门人员到现场进行管道安全保护指导	3	
	5. 劳动防护	①企业应对劳动防护用品的采购、储存、发放、维护、更新等环节进行严格管理	2	
		②企业应安排专项经费用于配备劳动防护用品。应为作业人员提供符合要求的劳动防护用品	2	
		③作业人员在作业过程中，应当按照规章制度和劳动防护用品使用规则，正确佩戴和使用劳动防护用品	2	
		④企业应对应急劳动防护用品进行经常性的维护、检修，定期检测劳动防护用品的性能和效果，保证其完好有效	2	

续上表

<table>
<tr><th>评价类目</th><th colspan="2">评 价 项 目</th><th>标准分值</th><th>得分</th></tr>
<tr><td rowspan="7">十、风险管理（60 分）</td><td>1. 一般要求</td><td>企业应依法依规建立健全安全生产风险管理制度，开展本单位管理范围内的风险辨识、评估、管控等工作，落实重大风险登记、重大危险源报备责任，防范和减少安全生产事故</td><td>5
AR</td><td></td></tr>
<tr><td rowspan="3">2. 风险辨识</td><td>①企业应制定风险辨识规则，明确风险辨识的范围、方式和程序</td><td>5</td><td></td></tr>
<tr><td>②风险辨识应系统、全面，并进行动态更新</td><td>5</td><td></td></tr>
<tr><td>③风险辨识应涉及所有的工作人员（包括外部人员）、工作过程和工作场所。安全生产风险辨识结束后应形成风险清单</td><td>3</td><td></td></tr>
<tr><td rowspan="2">3. 风险评估</td><td>①企业应从发生危险的可能性和严重程度等方面对风险因素进行分析，选定合适的风险评估方法，明确风险评估规则</td><td>2</td><td></td></tr>
<tr><td>②企业应依据风险评估规则，对风险清单进行逐项评估，确定风险等级</td><td>5</td><td></td></tr>
<tr><td>4. 风险控制</td><td>①企业应根据风险评估结果及经营运行情况等，按以下顺序确定控制措施：
a. 消除；
b. 替代；
c. 工程控制措施；
d. 设置标志警告和（或）管理控制措施；
e. 个体防护装备等</td><td>5</td><td></td></tr>
</table>

续上表

评价类目	评 价 项 目		标准分值	得分
十、风险管理（60分）	4. 风险控制	②企业应将安全风险评估结果及所采取的控制措施告知相关从业人员，使其熟悉工作岗位和作业环境中存在的安全风险，掌握、落实应采取的控制措施	5	
		③企业应建立风险动态监控机制，按要求对风险进行控制和监测，及时掌握风险的状态和变化趋势，以确保风险得到有效控制	3	
	5. 重大风险管控	①企业对重大风险进行登记建档，设置重大风险监控系统，制定动态监测计划，并单独编制专项应急措施	5 ★★	
		②企业应当在重大风险所在场所设置明显的安全警示标志，对进入重大风险影响区域的人员组织开展安全防范、应急逃生避险和应急处置等相关培训和演练	5	
		③企业应当将本单位重大风险有关信息通过公路水路行业安全生产风险管理信息系统进行登记，构成重大危险源的应向属地负有安全生产监督管理职责的交通运输管理部门备案	2 ★★	
		④重大风险经评估确定等级降低或解除的，企业应于规定的时间内通过公路水路行业安全生产风险管理系统予以销号	2	

续上表

评价类目	评 价 项 目		标准分值	得分
十、风险管理(60分)	6. 预测预警	①企业应根据生产经营状况、安全风险管理及隐患排查治理、事故等情况,运用定量或定性的安全生产预测预警技术,建立企业安全生产状况及发展趋势的安全生产预测预警机制	5	
		②当风险因素达到预警条件的,企业应及时发出预警信息,并立即采取针对性措施,防范安全生产事故发生	3	
十一、隐患排查和治理(50分)	1. 隐患排查	①企业应落实隐患排查治理和防控责任制,组织事故隐患排查治理工作,实行从隐患排查、记录、监控、治理、销账到报告的闭环管理	5 ★★	
		②企业应依据有关法律法规、标准规范等,组织制定各部门、岗位、场所、设备设施的隐患排查治理标准或排查清单,明确隐患排查的时限、范围、内容和要求,并组织开展相应的培训。隐患排查的范围应包括所有与生产经营相关的场所、人员、设备设施和活动,包括承包商和供应商等相关服务范围	5 AR	
		③生产经营单位应当建立事故隐患日常排查、定期排查和专项排查工作机制。日常排查每周应不少于1次,定期排查每半年应不少于1次,并根据政府及有关管理部门安全工作的专项部署、季节性变化或安全生产条件变化情况进行专项排查	5	

续上表

评价类目	评 价 项 目		标准分值	得分
十一、隐患排查和治理(50分)	1. 隐患排查	④企业应填写事故隐患排查记录,依据确定的隐患等级划分标准对发现或排查出的事故隐患进行判定,确定事故隐患等级并进行登记,形成事故隐患清单。企业应将重大事故隐患向属地负有安全生产监督管理职责的交通运输管理部门备案	5 ★★	
	2. 隐患治理	①对于一般事故隐患,企业应按照职责分工立即组织整改,确保及时进行治理	5	
		②对于重大事故隐患,企业主要负责人组织制定专项隐患治理整改方案,并确保整改措施、责任、资金、时限和预案"五到位"	5 ★	
		③企业在事故隐患整改过程中,应采取相应的监控防范措施,防止发生次生事故	5	
		④事故隐患整改完成后,企业应按规定进行验证或组织验收,出具整改验收结论,并签字确认。重大事故隐患整改验收通过的,企业应将验收结论向属地负有安全生产监督管理职责的交通运输管理部门报备,并申请销号	5 ★★	
		⑤企业应对重大事故隐患形成原因及整改工作进行分析评估,及时完善相关制度和措施,依据有关规定和制度对相关责任人进行处理,并开展有针对性的培训教育	5	

续上表

评价类目	评价项目		标准分值	得分
十一、隐患排查和治理(50分)	2. 隐患治理	⑥企业应对事故隐患排查治理情况如实记录,建立相关台账,并定期组织对本单位事故隐患治理情况进行统计分析,及时梳理、发现安全生产问题和趋势,形成统计分析报告,改进安全生产工作	5	
十二、职业健康(30分)	1. 健康管理	①企业应落实职业病防治主体责任,按规定设置职业健康管理机构和配备专(兼)职管理人员;落实职业病危害告知、日常监测、定期报告和防护保障等制度措施	5	
		②提供符合职业卫生要求的工作环境和条件;配备与职业健康保护相适应的设施、工具和防护用品	5	
		③应按规定组织有关从业人员进行职业健康检查,并建立有关从业人员职业健康档案	5	
		④企业应按规定对存在或者可能产生职业病危害的工作场所、作业岗位、设备、设施设置警示标识和中文警示说明,对存在或产生高毒物品的作业岗位,设置高毒物品告知卡	5 AR	
		⑤企业应依法参加工伤保险,为从业人员缴纳保险费	5	
		⑥企业应对从业人员进行职业健康宣传培训,使其了解其作业场所和工作岗位存在的危险因素和职业危害、防范措施和应急处理措施,降低或消除危害后果的事项	3	

续上表

评价类目	评 价 项 目		标准分值	得分
十二、职业健康(30分)	2. 职业危害申报	企业应按规定及时、如实向当地主管部门申报运营过程中存在的职业病危害因素,并接受其监督	2	
十三、安全文化(30分)	1. 安全环境	①设立安全文化廊、安全角、黑板报、宣传栏等员工安全文化阵地	5	
		②公开安全生产举报电话号码、通信地址或者电子邮件信箱。对接到的安全生产举报和投诉及时予以调查和处理,并公开处理结果	5 AR	
	2. 安全行为	①企业应建立包括安全价值观、安全愿景、安全使命和安全生产目标等在内的安全承诺	5 ★	
		②企业应结合企业实际编制员工安全知识手册,并发放到职工	5	
		③企业应组织开展安全生产月活动、安全生产班组竞赛活动,有方案、有总结	5	
		④企业应对安全生产进行检查、评比、考评,总结和交流经验,推广安全生产先进管理方法,对在安全工作中做出显著成绩的集体、个人给予表彰、奖励,并与其经济利益挂钩	5	

续上表

评价类目	评 价 项 目		标准分值	得分
十四、应急救援(80 分)	1. 预案制定	①企业应在开展安全风险评估和应急资源调查的基础上,建立生产安全事故应急预案体系,制定符合 GB/T 29639—2013 规定的生产安全事故应急预案,针对安全风险较大的重点场所(设施)制定现场处置方案,并编制重点岗位、人员应急处置卡	10 AR	
		②应急预案应与当地政府、行业管理部门预案保持衔接,报当地有关部门备案,通报有关协作单位	5	
		③企业应组织开展应急预案评审或论证,并定期进行评估和修订	5 ★★	
		④应当及时修订应急预案并归档	2	
		⑤应由企业主要负责人签署公布经评审或论证后的应急预案,并及时发放到有关部门、岗位和相关应急救援队伍。事故风险可能影响周边其他单位、人员的,企业应当将有关事故风险的性质、影响范围和应急防范措施告知周边的其他单位和人员	2	
		⑥企业应组织开展应急预案、应急知识、自救互救和避险逃生技能的培训活动,使有关人员了解应急预案内容,熟悉应急职责、应急处置程序和措施,并如实做好记录	3	

续上表

评价类目	评价项目		标准分值	得分
十四、应急救援(80分)	2. 应急队伍	①企业应按照有关规定建立应急管理组织机构或指定专人负责应急管理工作,建立与本企业安全生产特点相适应的专(兼)职应急救援队伍	5	
		②企业应组织应急救援人员日常训练	5	
		③企业应成立扑救初起火灾的组织机构,建立志愿消防队,并有明确的任务分工,以便及时扑灭初起火灾	3	
	3. 应急物资	①企业应根据可能发生的事故种类特点,按照有关规定设置应急设施,配备应急装备,储备应急物资	5 AR	
		②企业应建立管理台账,安排专人管理,并定期检查、维护,确保其完好、可靠	5	
	4. 应急演练	①企业应按照《生产安全事故应急演练指南》(AQ/T 9007—2011)的规定定期组织公司(厂)、车间(工段、区、队、船、项目部)、班组开展生产安全事故应急演练,做到一线从业人员参与应急演练全覆盖	10 ★★	
		②企业应按照《生产安全事故应急演练评估规范》(AQ/T 9009—2015)的规定对演练进行总结和评估,根据评估结论和演练发现的问题,修订、完善应急预案,改进应急准备工作	5	
	5. 应急处置	发生事故后,企业应根据预案要求,立即启动应急响应程序,按照有关规定报告事故情况,并开展先期处置	5	

续上表

<table>
<tr><th>评价类目</th><th colspan="2">评 价 项 目</th><th>标准分值</th><th>得分</th></tr>
<tr><td rowspan="3">十四、应急救援(80 分)</td><td rowspan="3">6. 应急评估</td><td>①企业应对应急准备、应急处置工作进行评估</td><td>5
★</td><td></td></tr>
<tr><td>②运输、储存危险物品或处置废弃危险物品的企业,应每年进行一次应急准备评估</td><td>3</td><td></td></tr>
<tr><td>③完成险情或事故应急处置后,企业应主动配合有关组织开展应急处置评估</td><td>2</td><td></td></tr>
<tr><td rowspan="4">十五、事故报告调查处理(50 分)</td><td rowspan="3">1. 事故报告</td><td>①企业应建立事故报告程序,明确事故内外部报告的责任人、时限、内容等,并教育、指导从业人员严格按照有关规定的程序报告发生的生产安全事故</td><td>5</td><td></td></tr>
<tr><td>②发生事故后,现场负责人和企业应迅速采取有效措施,组织抢救,防止事故扩大,减少人员伤亡和财产损失,按规定及时、如实向有关部门报告,没有瞒报、谎报、迟报等情况</td><td>5
★★</td><td></td></tr>
<tr><td>③企业应跟踪事故发展情况,及时续报事故信息</td><td>5</td><td></td></tr>
<tr><td>2. 事故调查处理</td><td>①企业应建立内部事故调查和处理制度,按照有关规定、行业标准和国际通行做法,将造成人员伤亡(轻伤、重伤、死亡等人身伤害和急性中毒)和财产损失的事故纳入事故调查和处理范畴</td><td>5</td><td></td></tr>
</table>

续上表

评价类目	评 价 项 目		标准分值	得分
十五、事故报告调查处理(50分)	2. 事故调查处理	②企业应积极配合各级人民政府组织的事故调查,随时接受事故调查组的询问,如实提供有关情况	5	
		③企业应按时提交事故调查报告,分析事故原因,落实整改措施	5	
		④发生事故后,企业应及时组织事故分析,并在企业内部进行通报。并应按时提交事故调查报告,分析事故原因,落实整改措施	5	
		⑤企业应按“四不放过”原则严肃查处事故,严格追究责任领导和相关责任人。处理结果报上级主管部门备案	5 ★	
		⑥发生事故后,企业应及时召开安全生产分析通报会,对事故当事人的聘用、培训、考评、上岗以及安全管理等情况进行责任倒查	3	
		⑦企业应定期组织员工开展事故/事件案例分析讲评,以杜绝类似事故/事件的再次发生	2	
	3. 事故档案管理	企业应建立事故档案和管理台账,将承包商、供应商等相关方在企业内部发生的事故纳入本企业事故管理	5	

续上表

<table>
<tr><th>评价类目</th><th colspan="2">评 价 项 目</th><th>标准分值</th><th>得分</th></tr>
<tr><td rowspan="3">十六、绩效评定与持续改进(30 分)</td><td rowspan="2">1. 绩效评定</td><td>①企业应每年至少一次对本单位安全生产标准化的运行情况进行自评,验证各项安全生产制度措施的适宜性、充分性和有效性</td><td>10</td><td></td></tr>
<tr><td>②企业主要负责人应全面负责自评工作。自评应形成正式文件,并将结果向所有部门、所属单位和从业人员通报,作为年度考评的重要依据</td><td>10</td><td></td></tr>
<tr><td>2. 持续改进</td><td>企业应根据安全生产标准化管理体系的自评结果和安全生产预测预警系统所反映的趋势,以及绩效评定情况,客观分析企业安全生产标准化管理体系的运行质量,及时调整完善安全生产目标、指标、规章制度、操作规程等相关管理文件和过程管控,持续改进,不断提高安全生产绩效</td><td>10</td><td></td></tr>
</table>

评分说明:

1. “★”为一级必备条件;“★★”为一、二级必备条件,即所有一级企业必须满足一、二星要求,二级企业须满足二星要求。
2. 除满足上述星项要求外,带有标注“AR”(Additional requirements 的意思)的项目执行限制扣分要求,申请一级的企业该项目扣分分值不得超过该项分值的 10%,申请二级的企业该项目扣分分值不得超过该项分值的 25%,所有“★”项,二级企业按照“AR”项要求执行,所有评分项目中存在一项超过上述扣分要求的为达标建设不合格。
3. 所有指标中要求的内容,如评审企业不涉及此项工作或当地主管机关未要求开展的,视为不涉及项处理,所得总分按照千分制比例进行换算。如:某企业不涉及项分数为 100 分,对照千分表去除不涉及项得分为 720 分,则最终评价得分为 720/900 × 1000 = 800 分。
4. 所有涉及抽查、询问人员的指标,如细则中无具体说明,抽查数量为总数的 10%,最低抽查数量为 5,最高抽查数量为 15,抽查的人员及设备应具有代表性。

附件1 《交通运输企业安全生产标准化建设基本规范　第13部分：港口危险货物码头企业》(JT/T 1180.13—2018)

交通运输企业安全生产标准化建设基本规范
第13部分:港口危险货物码头企业

1　范围

JT/T 1180 的本部分规定了港口危险货物码头企业安全生产标准化建设的基本要求、通用要求,以及管理机构和人员,资质、法律法规与安全管理制度,安全投入,生产工艺与设备设施,科技创新与信息化,教育培训,作业管理,职业健康,应急救援,事故调查处理等专业要求。

本部分适用于港口危险货物码头企业开展安全生产标准化建设工作,以及对安全生产标准化的技术服务和评价工作。

2　规范性引用文件

下列文件对于本文件的应用是必不可少的。凡是注日期的引用文件,仅注日期的版本适用于本文件。凡是不注日期的引用文件,其最新版本(包括所有的修改单)适用于本文件。

GBZ 158	工作场所职业病危害警示标识
JT/T 1180.1	交通运输企业安全生产标准化建设基本规范　第1部分:总体要求

3 术语和定义

下列术语和定义适用于本文件。

3.1

港口危险货物 dangerous cargo port

列入国际海事组织制定的《国际海运危险货物规则》,具有爆炸、易燃、毒害、感染、腐蚀、放射性等特性,容易造成人身伤亡、财产毁损或者对环境造成危害而需要特别防护的货物。

注:港口危险货物也称港口危险品、港口危险物品。

3.2

港口危险货物码头企业 dangerous cargo port enterprises

在港口内从事装卸、过驳、储存散装、包装危险货物或者对危险货物集装箱进行拆装箱等作业活动的港口经营人。

4 基本要求

港口危险货物码头企业(简称"企业")安全生产标准化建设的基本要求按 JT/T 1180.1 的有关规定执行。

5 通用要求

企业安全生产标准化建设的通用要求按 JT/T 1180.1 的有关规定执行。

6 专业要求

6.1 管理机构和人员

企业应聘用注册安全工程师从事安全管理工作。

6.2 资质、法律法规与安全管理制度

6.2.1 资质

港口经营许可证、港口危险货物作业附证应合法有效,经营范围应符合要求。

6.2.2 法律法规

每年应至少一次对适用的安全生产法律、法规、标准及其他要求进行符合性评价,以保证所有安全生产法律、法规、标准及其他要求均为适用、有效版本。

6.2.3 安全管理制度

6.2.3.1 企业应建立健全安全生产规章制度,并征求工会及从业人员意见和建议,规范安全生产管理工作。

6.2.3.2 企业应确保从业人员及时获取制度文本。

6.2.3.3 安全管理制度包括(但不限于)下列内容:

——目标管理;
——安全生产责任制;
——安全生产法律法规、标准规范管理;
——安全生产承诺;
——安全生产投入;
——安全生产信息化;
——“四新”(新技术、新材料、新工艺、新设备设施)管理;
——文件、记录和档案管理;
——安全风险管理、隐患排查治理;
——职业病危害防治;
——教育培训;
——班组安全活动;
——特种作业人员管理;
——建设项目“三同时”管理;
——设备设施管理;
——施工和检维修安全管理;
——危险物品管理;
——危险作业安全管理;
——安全警示标志管理;
——安全预测预警;
——安全生产奖惩管理;
——相关方安全管理;
——变更管理;
——个体防护用品管理;
——应急管理;
——事故管理;
——安全生产报告;
——绩效评定管理。

6.2.4 岗位安全生产操作规程

6.2.4.1 企业应按照有关规定,结合企业港口危险货物装卸/储存工艺、设备设施的特点、装卸/储存货物的种类及危险特性、岗位作业安全风险,编制齐全适用的岗位安全生产操作规程,发放到相关岗位员工,并严格执行。

6.2.4.2 企业应确保从业人员参与岗位安全生产操作规程的编制和修订工作。

6.2.4.3 岗位安全生产操作规程包括(但不限于)下列

内容：

——船舶靠离泊作业操作规程；

——系解缆作业操作规程；

——装卸船作业操作规程；

——水上过驳作业操作规程；

——车船直取作业操作规程；

——储罐收付料作业操作规程；

——堆场作业操作规程；

——装卸车作业操作规程；

——装桶作业操作规程；

——拆装箱/洗箱作业操作规程；

——集装箱熏蒸作业操作规程；

——滚装作业操作规程；

——车辆固定、绑扎作业操作规程；

——停送电作业操作规程；

——高压倒闸作业操作规程；

——危险货物装卸/储存作业操作规程；

——扫线、清洗作业操作规程；

——装卸设备操作规程；

——储运设备操作规程；

——场地运输设备操作规程；

——消防设备操作规程；

——地磅等计量设备操作规程。

6.2.5 制度执行

企业应明确评审和修订安全生产管理制度和操作规程的时机和频次，定期进行评审和修订，确保其有效性、适用性、与相关法律法规的符合性，及时组织相关人员培训学习修订后的安全生产管理制度和操作规程，保证使用最新有效版本的安全生产管理制度和操作规程。

6.3 安全投入

6.3.1 安全生产费用的提取至少应以上年度实际营业收入的1.5%平均逐月提取。

6.3.2 企业应按规定的安全生产费用使用范围合理使用。

6.4 生产工艺与设备设施

6.4.1 一般要求

6.4.1.1 企业应根据总平面布置、装卸/储存货种、吞吐量、储存方式等情况选择合适的符合规范要求的装卸、储存、过驳、扫线、倒罐、添加抑制剂或稳定剂、伴热/保温、堆存、拆装箱等工艺。

6.4.1.2 企业应确保建设项目安全设施与建设项目的主体工程同时设计、同时施工、同时投入生产和使用。

6.4.1.3 企业应按规定对建设项目的立项阶段、设计阶段和竣工验收阶段规范管理。

6.4.1.4 企业应明确设备设施选型、购买、安装、验收、使用、维护、拆除、报废各个环节的管理要求,使用质量合格、符合设计要求的生产设备设施。

6.4.1.5 企业应编制设备设施检维修计划,建立设备设施点检/巡检卡,实行日常检查、定期检测与特殊检测相结合的管理模式,对出现的异常现象和故障及时处理,并保存记录。

6.4.1.6 设备设施检维修前应制定检维修方案。

6.4.1.7 设备设施检维修过程中应执行隐患控制措施并进行监督检查。

6.4.1.8 拆除作业前应制订拆除方案。

6.4.1.9 企业应建立设备设施台账、档案。

6.4.2 工艺设备

6.4.2.1 企业应配备符合相关安全规范和技术要求的设备,设备相关证书应齐全有效。

6.4.2.2 企业应按规定对设备进行定期检验,检验证书应合法有效。

6.4.3 港口设施

6.4.3.1 企业应具备满足安全生产需要的建筑、场地、消防等设施,并符合相关安全规范和技术要求。

6.4.3.2 企业应加强对港口设施的检查、检测、评估和维修,保持港口设施处于良好技术状态。

6.4.3.3 企业应设立港口设施维护管理机构,并配备相应的专职人员。

6.4.3.4 企业应按照有关技术规范、标准的规定,对本企业的港口设施实施定期检查、定期测量观测、定期检测和特殊检测。

6.4.3.5 企业应组织对港口设施的技术状态进行评估。

6.4.3.6 企业应制订港口设施维护计划,并向上级主管部门报备,落实维护资金。

6.4.3.7 企业应组织编制港口设施维护技术方案。

6.4.3.8 企业应组织实施港口设施维护工程。

6.4.3.9 企业应建立港口设施维护技术档案,档案应包括基础资料及维护管理资料。

6.4.3.10 企业应向上级主管部门报送港口设施维护管理相关信息。

6.4.3.11 企业应向上级主管部门报送港口设施事故报告。

6.4.3.12 企业应对港口主要设施的大修和报废工作实施上报。

6.4.3.13 在设计使用年限内的设施,企业应按其技术状态合理使用。对于达到设计使用年限的设施,应对其结构安全性能进行检测,根据检测和评估结果进行处置后方可使用。

6.4.4 安全防护与控制设备

6.4.4.1 企业应根据装卸/储存的危险货物的种类及危险特性,按照有关规定和标准,在作业场所设置相应的检测、监控、通风、防晒、调温、防火、灭火、防爆、泄压、防毒、中和、防潮、防雷、防静电、防腐、防泄漏、紧急疏散通道以及防护围堤或者隔离操作等安全设施、设备。

6.4.4.2 企业应按规范要求设置装卸/储存工艺控制系统,系统应具备超限报警、紧急制动、防止误操作等安全防护功能。

6.4.4.3 企业应按规定设置宣传告示设备、安全警告标志、指示牌。

6.4.4.4 企业应严格执行安全防护与控制设备管理制度,对设备进行经常性维护、保养,保证其能正常使用。

6.4.4.5 安全防护与控制设备应有专人负责管理,并应建立安全防护与控制设备台账。

6.4.5 特种、强检设备

6.4.5.1 企业应指定专人对特种设备进行管理。特种设备投入使用前或者投入使用后30日内,企业应当向直辖市或者设区的市特种设备监督管理部门登记注册。登记标志应当置于或者附着于该特种设备的显著位置。

6.4.5.2 企业应将使用的强检设备登记造册,报当地县(市)级人民政府计量行政部门备案,并向其指定的计量检定机构申请周期检定。不得使用未经检定或经检定不合格的强检设备。

6.4.6 消防设备设施

6.4.6.1 企业应按相关标准规范要求配备相应等级和危险类别的消防控制系统、火灾报警系统、消防给水系统、泡沫/干粉灭火系统等消防设备设施、器材,并设置消防安全标志。

6.4.6.2 企业应制定消防设备设施管理制度,消防设备设施应有专人负责,定期组织检查、维修,保存检验、维修记录,确保所有消防设备设施可靠、有效,随时可用。

6.4.6.3 企业应保障消防通道畅通,消防通道应有明显的指示标志。

6.4.6.4 企业应建立消防设备设施台账。

6.4.7 电气安全

6.4.7.1 企业应按照国家相关法律法规规范码头电气安全管理,满足一、二级配电标准。

6.4.7.2 爆炸危险场所应根据爆炸危险区域的划分采用相应的符合要求的防爆电气设备。

6.4.7.3 技术人员应定期对防爆电气设备配电系统的继电保护装置、设备的绝缘电阻、电缆的绝缘状况等进行检查,并保留检查记录,未经检查或检查不合格的防爆电器不得使用。

6.5 科技创新与信息化

6.5.1 科技创新及应用

6.5.1.1 企业应使用先进的、安全性能可靠的新技术、新工艺、新设备和新材料,优先选购安全、高效、节能的先进设备。

6.5.1.2 企业应组织开展安全生产科技攻关或课题研究。

6.5.1.3 企业应设有安全生产管理系统或平台。

6.5.1.4 企业应利用现代科技手段,提升安全管理水平。

6.5.2 科技信息化

6.5.2.1 企业应根据企业实际情况开展科技信息化系统的建设。

6.5.2.2 企业应建立健全安全监管信息化软硬件设备安全管理制度,保证企业安全监管信息系统的安全。

6.6 教育培训

6.6.1 资格培训

6.6.1.1 主要负责人和安全管理人员应接受安全培训,并取得安全资格证书。

6.6.1.2 相关从业人员应当按照有关规定的要求,经考核合格或者取得相应从业资格。

6.6.2 日常安全教育培训

6.6.2.1 企业应对相关方进港作业人员进行进港安全教育,发放临时进港证,保存安全教育记录。

6.6.2.2 企业应告知外来参观、学习等人员遵守进港有关安全规定及安全注意事项。

6.7 作业管理

6.7.1 一般要求

6.7.1.1 作业现场与周边设施的距离应符合相关规定。

6.7.1.2 企业应严格执行操作规程和安全生产作业规

定,不得违章指挥、违章操作、违反劳动纪律。

6.7.1.3　企业应具有与经营规模、范围相适应的专业技术人员、管理人员、装卸管理人员和操作人员,按规定持证上岗。

6.7.1.4　在下达生产任务的同时,布置安全生产工作要求,管理人员应按照有关规定合理安排作业区域、机械设备、作业人员和作业时间,不得超能力、超强度、超定员作业。

6.7.1.5　企业应按装卸货物种类,制定作业指导书,作业指导书应包含操作规程。

6.7.1.6　企业应制定危险作业的安全监督管理制度,明确责任部门、人员、许可范围、审批程序、许可签发人员等。危险作业包括:

——危险区域动火作业;

——进入受限空间作业;

——破土作业;

——临时用电作业;

——高处作业;

——断路作业;

——吊装作业;

——抽堵盲板作业;

——设备检修作业;

——其他危险作业。

6.7.1.7　作业人员应了解装卸货种的危险有害特性及装卸/储存温度、管道安全流速、最高允许压力、储罐的安全液位、堆存要求等信息。

6.7.1.8　内部及外来从事危险作业人员应具备相应资质,并取得相关资格证书。

6.7.1.9　作业场所及设施设备应采用可靠的防雷和防静电接地措施。

6.7.1.10　货物堆放、存储与运输应符合相关安全规范和技术要求。

6.7.1.11　企业应指定专人对危险作业进行现场管理,严格执行巡回检查制度。

6.7.1.12　企业应按规定开展防火检查和防火巡查工作。

6.7.1.13　企业应建立装卸工作台账,并规范填写。

6.7.2　作业流程

6.7.2.1　作业前应向港口主管机关进行申报,应当划定作业区域,明确责任人并实行封闭式管理。作业区域应当设置明显标志,无关人员不得进入,无关船舶不得停靠,并进行安全条件确认。

6.7.2.2　作业过程中应根据规范要求进行操作。

6.7.2.3　作业结束后相关作业设备设施应恢复原状、工属具等应放在规定位置。

6.7.2.4 液体化工品装卸/储存结束后,应保证足够的静电置放时间。

6.7.2.5 应严格执行船岸检查制度,认真落实"船岸安全检查表"的要求,并按协商好的装卸程序进行作业。

6.7.2.6 应严格执行危险化学品储存、出入库安全管理制度,按照相关技术标准规定的储存方法、储存数量和安全距离,实行隔离、隔开、分离储存,危险化学品与禁忌物品不得混合储存;危险化学品专用仓库应符合相关技术标准对安全、消防的要求,设置明显标志,并由专人管理;危险化学品出入库应当进行核查登记,并定期检查。

6.7.2.7 危险货物出入库前必须按要求进行检查验收和登记。经核对后方可入库、出库。不得储存没有安全技术说明书和安全标签的危险货物。

6.7.2.8 进入装卸区、罐区、危险品集装箱堆场、危险品箱拆装箱库、危险货物滚装汽车待渡场、散装或包装危险货物堆场/仓库的机动车辆应办理相关手续,按指定路线行驶。进入石油化工码头装卸区、罐区的机动车辆还应携带标准阻火器。

6.7.2.9 剧毒化学品应专用储罐储存或专用仓库单独存放,实行双人收发、双人保管制度。企业应将储存剧毒化学品的数量、地点以及管理人员的情况,报当地公安部门和安全生产监督管理部门备案。

6.7.3 安全值班

企业应制定并落实安全生产值班计划和值班制度,重要时期应实行领导到岗带班,并做好值班记录。

6.7.4 相关方管理

6.7.4.1 两个或两个以上单位共用同一设施设备进行生产经营的,现场安全生产管理职责应明确,并落实到位。

6.7.4.2 企业对外发包或出租生产经营项目、场所、设备时,应对其资格预审、选择、服务前准备、作业过程、提供的产品、技术服务、表现评估、续用等进行管理,并应建立合格相关方的名录和档案,根据服务作业行为定期识别服务行为风险,采取行之有效的控制措施。

6.7.4.3 企业应与外来施工(作业)方签订安全协议,明确双方各自的安全责任。

6.7.4.4 企业应对短期合同工、临时用工、实习人员、外来参观人员、客户及其车辆等进入作业现场有相应的安全管理制度和措施。

6.7.4.5 企业对可能危及危险化学品管道安全的施工作业,应与施工单位共同制定应急预案,采取相应的安全防护措施,并指派专门人员到现场进行管道安全保护指导。

6.7.5 劳动防护用品

6.7.5.1 企业应安排专项经费用于配备劳动防护用品。

6.7.5.2 企业应为作业人员提供符合要求的劳动防护用品。

6.7.5.3 作业人员在作业过程中,应当按照规章制度和劳动防护用品使用规则,正确佩戴和使用劳动防护用品。

6.7.5.4 企业应对劳动防护用品的采购、储存、发放、维护、更新等环节进行严格管理。

6.7.5.5 企业应对应急劳动防护用品进行经常性的维护、检修,定期检测劳动防护用品的性能和效果,保证其完好有效。

6.8 职业健康

6.8.1 健康管理

6.8.1.1 企业应设置专人负责职业病危害因素日常监测,并确保监测系统处于正常运行状态。

6.8.1.2 企业应按规定对员工进行职业健康检查。

6.8.2 工伤保险

企业应依法参加工伤保险,为从业人员缴纳保险费。

6.8.3 职业危害告知和警示

6.8.3.1 企业与从业人员订立劳动合同时,应将工作过程中可能产生的职业危害及其后果和防护措施如实告知从业人员,并在劳动合同中写明。

6.8.3.2 企业应对从业人员进行职业健康宣传培训,使其了解其作业场所和工作岗位存在的危险因素和职业危害、防范措施和应急处理措施,降低或消除危害后果的事项。

6.8.3.3 企业应按照 GBZ 158 的规定要求,在醒目位置设置公告栏,公布有关职业病防治的规章制度、操作规程、职业病危害事故应急救援措施和工作场所职业病危害因素检测结果。对存在或者产生职业病危害的工作场所、作业岗位、设备、设施,设置警示标识和中文警示说明;对存在或产生高毒物品的作业岗位,设置高毒物品告知卡。

6.8.4 职业危害防护

企业应为从业人员提供符合职业健康要求的工作环境和条件,配备与职业健康保护相适应的设施、工具和防护用品。

6.9 应急救援

6.9.1 预案编制

6.9.1.1 企业应根据有关法律、法规、规章和相关标准,结合企业的组织管理体系、生产规模和可能发生的事故特点,确立应急预案体系,编制相应的应急预案,并体现自救互救和先期处置等特点。

6.9.1.2 企业风险种类多、可能发生多种类型事故的,应当编制综合应急预案。对某一种或者多种类型的事故风险可编制相应的专项应急预案,或将专项应急预案并入综合应急预案。对于危险性较大的场所、装置或设施,应编制现场处置方案。事故风险单一、危险性小的生产经营单位,可只编制现场处置方案。

6.9.1.3 各类应急预案之间应当相互衔接,并与相关人民政府及其部门、应急救援队伍和涉及的其他单位的应急预案相衔接。

6.9.1.4 企业应在编制应急预案的基础上,针对工作场所、岗位的特点,编制简明、实用、有效的应急处置卡。应急处置卡应规定重点岗位、人员的应急处置程序和措施,以及相关联络人员和联系方式,便于从业人员携带。

6.9.1.5 企业应对编制的应急预案进行评审或论证,并形成书面纪要。

6.9.1.6 应由企业主要负责人签署公布经评审或论证后的应急预案,并及时发放到有关部门、岗位和相关应急救援队伍。事故风险可能影响周边其他单位、人员的,企业应当将有关事故风险的性质、影响范围和应急防范措施告知周边的其他单位和人员。

6.9.1.7 企业应在应急预案公布之日起20个工作日内,向有关部门进行告知性备案。

6.9.2 预案实施

6.9.2.1 企业应组织开展应急预案、应急知识、自救互救和避险逃生技能的培训活动,使有关人员了解应急预案内容,熟悉应急职责、应急处置程序和措施,并如实做好记录。

6.9.2.2 企业应制订应急预案演练计划,根据事故风险特点,每年至少组织一次综合应急预案演练或专项应急预案演练,每半年至少组织一次现场处置方案演练。

6.9.2.3 应急预案演练结束后,应对应急预案演练效果进行评估,撰写应急预案演练评估报告,分析存在的问题,并对应急预案提出修订意见。

6.9.2.4 企业应建立应急预案定期评估制度,对预案内容的针对性和实用性进行分析,并对应急预案是否需要修订作出结论,至少每三年评估一次。

6.9.2.5　有下列情形之一的，应急预案应及时修订并归档：

a）依据的法律、法规、规章、标准及上位预案中的有关规定发生重大变化的；

b）应急指挥机构及其职责发生调整的；

c）面临的事故风险发生重大变化的；

d）重要应急资源发生重大变化的；

e）预案中的其他重要信息发生变化的；

f）在应急演练和事故应急救援中发现问题需要修订的；

g）企业认为应修订的其他情况。

6.9.2.6　应急预案修订涉及组织指挥体系与职责、应急处置程序、主要处置措施、应急响应分级等内容变更的，应重新备案。

6.9.2.7　企业应按照应急预案的规定，落实应急指挥体系、应急救援队伍、应急物资及装备，建立应急物资、装备配备及其使用档案，并对应急物资、装备进行定期检测和维护，使其处于适用状态。

6.9.2.8　发生事故时，企业应第一时间启动应急响应，组织有关力量进行救援，并按照规定将事故信息及应急响应启动情况报告有关部门。

6.9.2.9　生产安全事故应急处置和应急救援结束后，企业应对应急预案实施情况进行总结评估。

6.9.3　应急队伍

企业应成立扑救初起火灾的组织机构，建立志愿消防队，并有明确的任务分工，以及时扑灭初起火灾。

6.10　事故调查处理

6.10.1　接到事故报告后，企业应迅速采取有效措施，组织抢救，防止事故扩大，减少人员伤亡和财产损失。

6.10.2　发生事故后，企业应及时召开安全生产分析通报会，对事故当事人的聘用、培训、考核、上岗以及安全管理等情况进行责任倒查。

6.10.3　企业应定期组织员工开展事故/事件案例分析讲评，以杜绝类似事故/事件的再次发生。

附件2　交通运输部关于印发《交通运输企业安全生产标准化建设评价管理办法》的通知

交安监发〔2016〕133号

各省、自治区(直辖市)、长江航务管理局:

为深入贯彻落实《中华人民共和国安全生产法》,大力推进企业安全生产标准化建设,现将《交通运输企业安全生产标准化建设评价管理办法》印发给你们,请遵照执行。

交通运输部

2016年7月26日

交通运输企业安全生产标准化建设评价管理办法

第一章　总　　则

第一条　为推进交通运输企业安全生产标准化建设,规范评价工作,促进企业落实安全生产主体责任,依据《中华人民共和国安全生产法》,制定本办法。

第二条　本办法适用于中华人民共和国境内交通运输企业安全生产标准化建设评价及其监督管理工作。

第三条 交通运输部负责全国交通运输企业安全生产标准化建设工作的指导，具体负责一级评价机构的监督管理。

省级交通运输主管部门负责本管辖范围内交通运输企业安全生产标准化建设工作的指导，具体负责二、三级评价机构的监督管理。

长江航务管理局、珠江航务管理局分别负责行政许可权限范围内的长江干线、西江干线省际航运企业安全生产标准化建设工作的指导，具体负责二、三级评价机构的监督管理(以上部门和单位统称为主管机关)。

第四条 交通运输企业安全生产标准化建设按领域分为道路运输、水路运输、港口营运、城市客运、交通运输工程建设、收费公路运营六个专业类型和其他类型(未列入前六种类型，但由交通运输管理部门审批或许可经营)。

道路运输专业类型含道路旅客运输、道路危险货物运输、道路普通货物运输、道路货物运输站场、汽车租赁、机动车维修和汽车客运站等类别；水路运输专业类型含水路旅客运输、水路普通货物运输、水路危险货物运输等类别；港口营运专业类型含港口客运、港口普通货物营运、港口危险货物营运等类别；城市客运专业类型含城市公共汽车客运、城市轨道交通运输和出租汽车营运等类别；交通运输工程建设专业类型含交通运输建筑施工企业和交通工程建设项目等类别；收费公路运营专业类型含高速公路运营、隧道运营和桥梁运营等类别。

第五条 交通运输企业安全生产标准化建设等级分为一级、二级、三级，其中一级为最高等级，三级为最低等级。水路危险货物运输、水路旅客运输、港口危险货物营运、城市轨道交通、高速公路、隧道和桥梁运营企业安全生产标准化建设等级不设三级，二级为最低等级。

交通运输企业安全生产标准化建设标准和评价指南，由交通运输部另行发布。

第六条 交通运输企业安全生产标准化建设评价工作应坚持“政策引导、依法推进、政府监管、社会监督”的原则。

第七条 交通运输企业安全生产标准化建设评价及相关工作应统一通过交通运输企业安全生产标准化管理系统(简称管理系统)开展。

第八条 交通运输部通过购买服务委托管理维护单位，具体承担管理系统的管理、维护与数据分析、评审员能力测试题库维护、评价机构备案和档案管理等日常工作。各省级主管机关可根据需要通过购买服务委托省级管理维护单位承担相关日常工作。

第九条 管理维护单位应具备以下条件：

(一)具有独立法人资格，从事交通运输业务的事业单位或经批准注册的交通运输行业社团组织；

（二）具有相适应的固定办公场所、设施和必要的技术条件；

（三）配有满足工作所需的管理和技术人员；

（四）3 年内无重大违法记录，信用状况良好；

（五）具有完善的内部管理制度；

（六）法律、法规规定的其他条件。

第十条　主管部门应与委托的管理维护单位签订合同或协议，明确委托工作任务、要求及相关责任。

第十一条　管理维护单位因自身条件变化不满足第九条要求或不能履行合同承诺的，主管机关应解除合同并及时向社会公告。

第二章　评　审　员

第十二条　评审员是具有企业安全生产标准化建设评价能力，进入评审员名录的人员。

第十三条　凡遵守法律法规，恪守职业道德，符合下列条件，通过管理系统登记报备，经公示 5 个工作日，公示结果不影响登记备案的，自动录入评审员名录。

（一）具有全日制理工科大学本科及以上学历；

（二）具备中级及以上专业技术职称，或取得初级技术职称 5 年以上；

（三）具有 5 年及以上申报专业类型安全相关工作经历；

（四）身体健康，年龄不超过 70 周岁；

（五）同时登记备案不超过 3 个专业类型；

（六）通过管理系统相关专业类型专业知识、技能和评价规则的在线测试；

（七）申请人 5 年内未被列入政府、行业黑名单或 1 年内未被列入政府、行业公布的不良信息名录；

（八）评审员承诺备案信息真实，考评活动中严格遵守国家有关法律法规，不弄虚作假、提供虚假证明，一旦违反，自愿退出交通运输企业安全生产标准化建设评价相关活动。

第十四条　评审员按专业类型自愿申请登记在一家评价机构后，方可从事交通运输企业安全生产标准化建设评价工作，登记完成后 12 个月内不可撤回。

第十五条　评审员应按年度开展继续教育学习，自登记备案进入评审员名录后，每 12 个月周期内均应通过管理系统进行继续教育在线测试。通过测试的，可继续从事企业安全生产标准化建设评价工作；未通过测试的，暂停参加评价活动，直至通过继续教育测试。继续教育测试不收取任何费用。

第十六条 部级管理维护单位应按年度发布评审员继续教育测试大纲，评审员年度继续教育测试大纲应包含以下内容：

（一）相关专业的安全生产法律、法规、标准规范；

（二）交通运输企业安全生产标准化建设有关新政策；

（三）应更新的安全生产专业知识。

第十七条 评审员个人信息变动应于5个工作日内通过管理系统报备。

第十八条 评审员向受聘的评价机构申请不再从事企业安全生产标准化建设评价工作，或年龄超过70周岁的，部管理维护单位应在5个工作日内注销其备案信息。

第三章 评价机构

第十九条 评价机构是指满足评价机构备案条件，完成管理系统登记报备，从事交通运输企业安全生产标准化建设评价的第三方服务机构。

第二十条 评价机构分为一、二、三级。一级评价机构向交通运输部备案，二、三级评价机构向省级主管机关备案。

一级评价机构可承担申请一、二、三级的企业安全生产标准化评价工作，二级评价机构可承担备案地区申请二、三级的企业安全生产标准化评价工作，三级评价机构可承担备案地区申请三级的企业安全生产标准化评价工作。

第二十一条 凡符合以下条件，通过管理系统登记备案，经公示5个工作日，公示结果不影响登记备案的，自动录入评价机构名录。

（一）从事交通运输业务的独立法人单位或社团组织；

（二）具有一定的交通运输企业安全生产标准化建设评价或交通运输安全生产技术服务工作经历；

（三）具有相适应的固定办公场所、设施；

（四）具有一定数量专职管理人员和相应专业类型的自有评审员；

（五）初次申请一级评价机构备案，应已完成本专业类型二级评价机构备案1年以上，并具有相关评价经历；

（六）建立了完善的管理制度体系；

（七）单位或法定代表人3年内未被列入政府、行业黑名单或1年内未被列入政府、行业公布的不良信息名录；

（八）评价机构同一等级登记备案不超过3个专业类型；

（九）评价机构承诺备案信息真实，严格遵守国家有关法律法规，不弄虚作假、提供虚假证明，一旦违反，自愿退出交通运输企业安全生产标准化建设评价相关活动；

（十）满足其他法律法规要求。

以上第一至五款评价机构具体备案条件见附录A。

第二十二条 评价机构进入评价机构名录后,备案信息有效期5年,并向社会公布。备案信息公布内容应包含评价机构的名称、法定代表人、专业类型、等级、地址和印模、备案号和有效期等。

第二十三条 评价机构可在登记备案期届满前1个月通过管理系统进行延期备案,延期备案符合下列条件,经公示5个工作日后,结果不影响延期备案的,自动延长备案期5年。

(一)单位经营资质合法有效;

(二)未被主管机关列入公布的不良信息名录;

(三)满足该等级评价机构登记备案条件。

第二十四条 评价机构名称、地址或法定代表人变更,或从事专职管理和评价工作的人员变动累计超过25%的,应通过管理系统进行信息变更备案。

第二十五条 评价机构应不断完善内部管理制度,严格规范评价过程管理,并对评价和年度核查结论负责。

第二十六条 评价机构应按年度总结评价工作,于次年1月底前通过管理系统报管理维护单位,管理维护单位汇总分析后,形成年度报告报主管机关。

第二十七条 评价机构在妥善处置其负责评价和年度核查相关业务后,可向登记备案的管理维护单位申请注销其评价机构备案信息,管理维护单位核实相关业务处置妥善后应在5个工作日内完成备案注销工作,并通过管理系统向社会公布。评价机构申请注销的,2年内不得重新备案,所聘评审员自动恢复未登记评价机构状态。

第四章 评价与等级证明颁发

第二十八条 评价机构负责交通运输企业安全生产标准化建设评价活动的组织实施和评价等级证明的颁发。

第二十九条 交通运输企业安全生产标准化建设评价包括初次评价、换证评价和年度核查三种形式。

第三十条 交通运输企业安全生产标准化建设等级证明应按照交通运输部规定的统一样式制发,有效期3年。

第三十一条 已经通过低等级交通运输企业安全生产标准化建设评价的企业申请高等级交通运输企业安全生产标准化建设评价的,评价及颁发等级证明应按照初次评价的有关规定执行。

第三十二条 交通运输企业应根据经营范围分别申请相应专业类别建设评价,属同一专业类型不同专业类别的,可合并评价。

第三十三条 交通运输企业申请安全生产标准化建设评价应遵循以下规定:

（一）依照法律法规要求自主申请；

（二）自主选择相应等级的评价机构；

（三）评价过程中，向评价机构和评审员提供所需工作条件，如实提供相关资料，保障有效实施评价；

（四）有权向主管机关、管理维护单位举报、投诉评价机构或评审员的不正当行为。

第三十四条 交通运输企业在取得安全生产标准化等级证明后，应根据评价意见和标准要求不断完善其安全生产标准化管理体系，规范安全生产管理和行为，形成可持续改进的长效机制，并接受主管机关、评价机构的监督。

第一节 初次评价

第三十五条 申请初次评价应具备以下条件：

（一）具有独立法人资格，从事交通运输生产经营建设的企业或独立运营的实体；

（二）具有与其生产经营活动相适应的经营资质、安全生产管理机构和人员，并建立相应的安全生产管理制度；

（三）近1年内没有发生较大以上安全生产责任事故；

（四）已开展企业安全生产标准化建设自评，结论符合申请等级要求。

第三十六条 交通运输企业应通过管理系统向所选择的评价机构提出企业安全生产标准化建设评价申请，申报初次评价应提交以下资料：

（一）标准化建设评价申请表（样式由管理系统提供）；

（二）法律法规规定的企业法人营业执照、经营许可证、安全生产许可证等；

（三）企业安全生产标准化建设自评报告。自评报告应包含：企业简介和安全生产组织架构；企业安全生产基本情况（含近3年应急演练、一般以上安全事故和重大安全事故隐患及整改情况）；从业人员资格、企业安全生产标准化建设过程；自评综述、自评记录、自评问题清单和整改确认；自评评分表和结论等。

第三十七条 评价机构接到交通运输企业评价申请后，应在5个工作日内完成申请材料完整性和符合性核查。核查不通过的，应及时告知企业，并说明原因。评价机构对申请材料核查后，认为自身能力不足或申请企业存在较大安全生产风险时，可拒绝受理申请，并向其说明，记录在案。

第三十八条 企业申请资料核查通过后，评价机构应成立评价组，任命评价组长，制定评价方案，提前5个工作日告知当地主管机关后，满足下列条件，可启动现场评价。

（一）评价组评审员不少于3人，其中自有评审员不少于1人；

（二）评价组长原则上应为自有评审员，且具有2年和

8家以上同等级别企业安全生产标准化建设评价经历，3年内没有不良信用记录，并经评价机构培训，具有较强的现场沟通协调和组织能力；

（三）评价组应熟悉企业评价现场安全应急要求和当地相关法律法规和标准规范要求。

第三十九条 评价机构应在接受企业评价申请后30个工作日内完成对企业的现场评价工作，并提交评价报告。

第四十条 现场评价工作完成后，评价组应向企业反馈发现的安全事故隐患和问题、整改建议及现场评价结论，形成现场评价问题清单，问题清单应经企业和评价组签字确认。现场发现的重大安全事故隐患和问题应向负有直接安全生产监督管理职责的交通运输管理部门和相应的主管机关报告。

第四十一条 企业对评价发现的安全事故隐患和问题，在现场评价结束30日内按要求整改到位的，经申请，由评价机构确认整改合格，所完成的整改内容可视为达到相关要求；对于不影响评价结论的安全事故隐患和问题，企业应按评价机构有关建议积极组织整改，并在年度报告中予以说明。

第四十二条 评价案卷应包含下列内容：

（一）申请资料核查记录及结论；

（二）现场评价通知书（应包含评价时间、评价组成员等）；

（三）评价方案；

（四）企业安全生产重大问题整改报告及验证记录；

（五）评价报告，包括现场评价记录、现场收集的证据材料、问题清单及整改建议、评价结论及评价等级意见；

（六）其他必要的评价证据材料。

第四十三条 评价机构应对评价案卷进行审核，形成评价报告（附评价综述、评价结论和现场发现问题清单）及其他必要的评价资料通过管理系统向管理维护单位报备。评价机构评价结论认为符合颁发评价等级证明的，应报管理维护单位向社会公示5个工作日；公示结果不影响评价结论的，评价机构应向企业颁发交通运输企业安全生产标准化评价等级证明。

第四十四条 企业对评价结论存有异议的，可向评价机构提出复核申请，评价机构应针对复核申请事项组织非原评审员进行逐项复核，复核工作应在接受企业复核申请之日起20个工作日完成，并反馈复核意见。企业对评价机构复核结论仍存异议的，可选择其他评价机构申请评价。涉及评价机构评价工作不公正和违规行为的，企业可向相应管理维护单位或主管机关投诉、举报。

第四十五条 交通运输企业安全生产标准化建设等级证明格式由交通运输部统一规定（附录B），证明应注明类型、类别、等级、适用范围和有效期等。

第四十六条　管理维护单位应在收到评价机构报备的评价等级证明、评价报告等资料5个工作日内，向社会公布获得交通运输企业安全生产标准化建设等级证明的企业和评价机构有关信息，接受社会监督。

第二节　换证评价

第四十七条　已经取得安全生产标准化评价等级证明的企业在证明有效期满之前可向评价机构申请换证评价，换证完成后，原证明自动失效。

第四十八条　企业申请换证评价时，应提交以下材料：

（一）企业法人营业执照、经营许可证等；

（二）原交通运输企业安全生产标准化建设等级证明；

（三）企业换证自评报告和企业基本情况、安全生产组织架构；

（四）企业安全生产标准化运行情况，以及近3年安全生产事故或险情、重大安全生产风险源及管控、重大安全事故隐患及治理等情况。

第四十九条　申请换证的企业在取得等级证明3年且满足下列条件，在原证明有效期满之日前3个月内可直接向评价机构申请换发同等级企业安全生产标准化建设等级证明：

（一）企业年度核查等级均为优秀（含换证年度）；

（二）企业未发生一般及以上等级安全生产责任事故；

（三）企业未发生被主管机关安全生产挂牌督办或约谈；

（四）企业安全生产信用等级评为B级以上；

（五）企业未违反其他安全生产法律法规有关规定；

（六）安全生产标准化建设标准发生变化的，年度核查或有关证据证明其满足相关要求。

第五十条　换证评价及等级证明颁发的流程、范围和方法按照初次评价的有关规定执行。

第三节　年度核查

第五十一条　企业取得安全生产标准化建设等级证明后，有效期内应按年度开展自评，自评时间间隔不超过12个月，自评报告应报颁发等级证明的评价机构核查。

第五十二条　评价机构对企业年度自评报告核查发现以下问题的，可进行现场核查：

（一）自评结论不能满足原有等级要求的；

（二）自评报告内容不全或存在不实，不能真实体现企业安全生产标准化建设实际情况的；

（三）企业生产经营状况发生重大变化的，包括生产经营规模、场所、范围或主要安全管理团队等；

（四）企业未按要求及时向评价机构报告重大安全事故隐患和较大以上安全生产责任事故的；

（五）相关方对企业的安全生产提出举报、投诉；

（六）企业主动申请现场复核。

第五十三条　评价机构应在企业提交年度自评报告15个工作日内完成自评报告年度核查，需进行现场核查的，应在30个工作日内完成。

第五十四条　年度核查结论分为不合格、合格和优秀三个等级评价，并通过管理系统向社会公开。企业安全生产标准化建设运行情况不能持续满足所取得的评价等级要求，或长期存在重大安全事故隐患且未有效整改的评为不合格；基本满足且对不影响评价结论的问题和重大安全事故隐患进行有效整改的评为合格；满足原评价等级所有要求，并建立有效的企业安全生产标准化持续改进工作机制，且运行良好，重大安全事故隐患和问题整改完成的，评为优秀。对于年度核查评为优秀，应由企业在年度自查报告中主动提出申请，经评价机构核查，包括进行现场抽查验证通过后，方可评为优秀。

第五十五条　评价机构对企业的年度核查评价在合格以上的，维持其安全生产标准化建设等级证明有效；年度核查评价不合格或未按要求提交自评报告的，评价机构应通知企业并提出相关整改建议，企业在30日内未经验收完成整改，或仍未提交自评报告，或拒绝评价机构现场复核的，评价机构应撤销并收回企业安全生产标准化建设等级证明，并通过管理系统向社会公告。

第五十六条　已经取得交通运输企业安全生产标准化建设等级证明的企业，在有效期内发现存在重大安全事故隐患或发生较大及以上安全生产责任事故的，应在10个工作日内向颁发等级证明的评价机构报送相关信息，评价机构可视情况开展企业安全生产标准化建设核查工作。

第五十七条　评价机构撤销企业安全生产标准化建设等级证明的，应通过管理系统向管理维护单位备案。

第四节　证明补发和变更

第五十八条　企业安全生产标准化建设等级证明遗失的，可向颁发等级证明的评价机构申请补发。

第五十九条　企业法定代表人、名称、经营地址等变更的，应在变更后30日内，向颁发等级证明的评价机构提供有关证据材料，申请对企业安全生产标准化评价等级证明的变更。

第六十条　评价机构发现申请安全生产标准化建设等

级证明变更的企业的安全生产条件发生重大变化，超出第四十九条情况的，可进行现场核实，核实结果不影响变更证明的，应予以变更，核实认为企业安全生产条件不满足维持原证明等级要求的，原证明应予以撤销并通过管理系统向社会公示。

第六十一条　评价机构应在接受企业提出的证明变更申请后30日内，完成证明变更。

第五章　监督管理

第六十二条　主管机关应加强对管理维护单位、评价机构和评审员的监督管理，建立健全日常监督、投诉举报处理、评价机构和评审员信用评价、违规处理和公示公告等机制，规范交通运输企业安全生产标准化建设评价工作。省级主管机关对日常监督管理工作中发现的一级评价机构存在的违法违规行为应通过管理系统上报。

第六十三条　主管机关应采取“双随机、一公开”的突击检查方式，组织抽查本管辖范围内从事相关业务的评价机构和评审员相关工作。抽查内容应包含：机构备案条件、管理制度、责任体系、评价活动管理、评审员管理、评价案卷、现场评价以及机构能力保持和建设等。

第六十四条　交通运输管理部门应将企业安全生产标准化建设工作情况纳入日常监督管理，通过政府购买服务委托第三方专业化服务机构，对下级管理部门及辖区企业推进企业安全生产标准化建设工作情况进行抽查，抽查情况应向行业通报。

第六十五条　已经取得交通运输企业安全生产标准化评价等级证明的企业，在有效期内发生重大及以上安全生产责任事故，或1年内连续发生2次以上较大安全生产责任事故的，评价机构应对该企业安全生产标准化建设情况进行核查，不满足原等级要求的，应及时撤销其安全生产标准化等级证明。事故等级按照《生产安全事故报告和调查处理条例》(国务院令第493号)和《水上交通事故统计办法》(交通运输部令2014年15号)确定。

第六十六条　负有直接安全生产监督管理职责的交通运输管理部门应对企业安全生产标准化建设评价中发现的重大安全事故隐患及时进行核查，确认后责令企业立即整改，并依法依规追究相应人的责任。

第六十七条　主管机关应建立投诉举报渠道，公布邮箱、电话，接受实名投诉举报。

第六十八条　主管机关接到有关企业安全生产标准化建设评价实名举报或投诉的，经确认举报或投诉事项是属本单位管辖权限，应在60个工作日内完成调查核实处理，并将处理意见向举报人反馈。

第六十九条 投诉举报第一接报主管机关对确认不属本单位管辖权限的，应在5个工作日内告知举报人，并建议其向具有管辖权限的主管机关举报。

第七十条 评审员、评价机构违背承诺，其备案信息经核实存在弄虚作假的，管理维护单位应在3个工作日内将其列入黑名单，并通过管理系统向社会公告。

第七十一条 管理维护单位应对评审员、评价机构发生的违规违纪和违反承诺等失信行为，依据评审员、评价机构信用扣分细则(见附录C)进行记录。

第七十二条 评审员、评价机构信用等级按其扣分情况分为AA、A、B、C、D共5个等级，未扣分的为AA；扣1~2分的为A；扣3~8分的为B；扣9~14分的为C；扣15~19分的为D；信用扣分超过20分(含20分)的列入黑名单。以上信用扣分按近3年扣分累计。

第七十三条 部管理维护单位应通过管理系统，按年度向社会公布管辖范围内一级评价机构、评审员3年内违规行为和信用等级汇总情况，以及评价机构所颁发等级证明的企业及其近5年发生等级以上安全生产事故情况。评审员发生信用扣分的，管理维护单位应告知评审员登记的评价机构。

省级管理维护单位应通过管理系统，按年度向社会公布管辖范围内二、三级评价机构，以及评价机构所颁发等级证明的企业及其近5年发生等级以上安全生产事故情况。

第七十四条 交通运输管理部门应将交通运输企业安全生产标准化建设情况和评价结果纳入企业安全生产信用评价范围，鼓励引导交通运输企业积极开展安全生产标准化建设。

第七十五条 交通运输管理部门应加强对企业安全生产标准化评价结果应用，作为实施分级分类、差异化监管的重要依据；对安全生产标准化未达标或被撤销等级证明的企业应加大执法检查力度，予以重点监管。客运、危险货物经营企业安全生产标准化建设评价及年度核查情况应作为企业经营资质年审和运力更新、新增审批、招投标的安全条件重要参考依据。

第七十六条 主管机关和管理维护单位的工作人员发生失职渎职的，应按规定追究相关责任人责任；评价机构的工作人员和评审员发生弄虚作假、违法违纪行为，依法依规追究相关人员法律责任。

第六章 附 则

第七十七条 交通运输企业安全生产标准化是指企业通过落实安全生产主体责任，全员全过程参与，建立安全生产各要素构成的企业安全生产管理体系，使生产经营各环节符合安全生产、职业病防治法律、法规和标准规范的要求,人、机、环、管处于受控状态,并持续改进。

第七十八条 交通运输企业安全生产标准化建设评价是指企业安全生产标准化评价机构,依据相关法律法规和企业安全生产标准化建设标准,评价企业安全生产标准化建设情况,对评价过程中发现安全生产的问题,提出整改建议,是促进企业安全生产标准化建设工作的重要方式。

第七十九条 对企业所实施的安全生产标准化建设评价,不解除企业遵守国际、国内有关安全生产法律法规的责任和所承担的企业安全生产主体责任。

第八十条 航运企业已建立安全管理体系并取得符合证明(DOC)的,视同满足企业安全生产标准化二级达标水平。

第八十一条 省际运输企业是指从事省际道路或水路运输的交通运输企业。

第八十二条 自有评审员是指与受聘评价机构签订正式劳动合同,且受聘评价机构已为其连续缴纳1年以上社保的人员。

第八十三条 本办法所称企业是指从事公路、水路交通运输的生产经营单位,包括直接从事生产经营行为的事业单位。

第八十四条 省级主管机关未委托管理维护单位的,本管理办法涉及的相关工作由其承担。

第八十五条 管理系统由交通运输部统一开发,委托管理维护单位负责日常维护。

第八十六条 本办法自发布之日实施,有效期5年。《关于印发交通运输企业安全生产标准化考评管理办法和达标考评指标的通知》(交安监发〔2012〕175号)及《关于印发交通运输企业安全生产标准化相关实施办法的通知》(厅安监字〔2012〕134号)同时废止。

附录 A

评价机构登记备案条件

序号	条件	要求			备注
		一级	二级	三级	
1	固定办公场所面积	不少于 $300m^2$	不少于 $200m^2$	不少于 $100m^2$	需提供房屋产权证明或1年以上的租赁合同
2	专职管理人员	不少于8人	不少于5人	不少于3人	需提供人员正式劳务合同(事业单位需提供加盖单位公章的人员在职证明),连续1年以上的单位代缴纳的纳税证明和社保缴费证明
3	自有评审员	不少于30名本专业自有评审员	不少于12名本专业自有评审员	不少于6名本专业自有评审员	
4	高级职称人员	不少于10人	不少于3人	不少于2人	高级职称是指国家认可的从事管理、技术、生产、检验和评估评价的高级技术人员,但不含高级经济师、高级政工师等非相关职称
5	工作经验	1. 至少具备5年以上从事交通运输相关业务领域咨询服务工作的经验; 2. 至少具备1年以上二级评价机构备案经历; 3. 已评价一定数量本专业二级企业	1. 至少具备3年以上从事交通运输相关业务领域咨询服务工作的经验; 2. 至少具备1年以上三级评价机构备案经历; 3. 已评价一定数量本专业三级企业	至少具备3年以上从事交通运输相关业务领域咨询服务工作的经验	评价机构申请备案一级资质需评价二级企业家数(新增专业类型不需要): 道路运输:200家;水路运输:80家;港口营运:50家;城市客运:100家;交通工程建设:100家。 评价机构申请备案二级资质需评价三级企业家数(新增专业类型不需要)由各省主管机关确定

注:上述条件为单个专业类型登记备案条件,本办法实施前已经取得评价机构证书的评价机构备案不受此条件限制;已经完成其他类型评价机构备案,增加评价机构备案类型的,不要求具有下一级评价机构备案及相关要求。二、三级评价机构备案条件为最低要求,各省级主管机关可根据具体情况参照设定相应备案条件。

附录 B

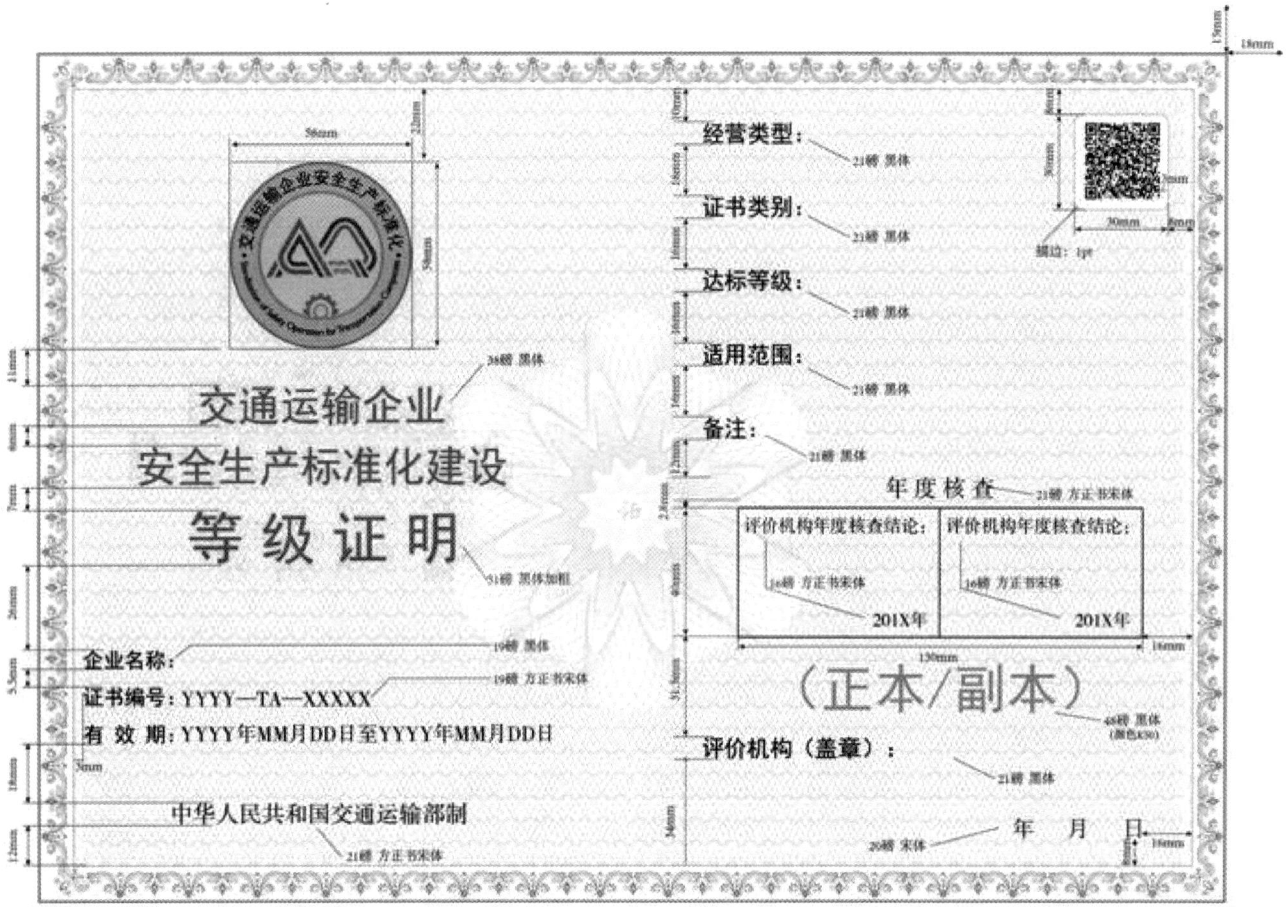
交通运输企业
安全生产标准化建设
等级证明
企业名称：
证书编号：YYYY—TA—XXXXX
有 效 期：YYYY年MM月DD日至YYYY年MM月DD日
中华人民共和国交通运输部制
经营类型：
证书类别：
达标等级：
适用范围：
备注：
年度核查
评价机构年度核查结论：
201X年
评价机构年度核查结论：
201X年
（正本/副本）
评价机构（盖章）：
年 月 日

证明格式及编号说明

1. 等级证明纸张大小为420mm×297mm(A3),带底纹。

2. 证明编号格式为 YYYY—TA—XXXXXX。YYYY 表示年份;TA 表示负责颁发等级证明的评价机构监督管理的省级以上管理维护单位(01 表示交通运输部,02 表示北京市,03 表示天津市,04 表示河北省,05 表示山西省,06 表示内蒙古自治区,07 表示辽宁省,08 表示吉林省,09 表示黑龙江省,10 表示上海市,11 表示江苏省,12 表示浙江省,13 表示安徽省,14 表示福建省,15 表示江西省,16 表示山东省,17 表示河南省,18 表示湖北省,19 表示湖南省,20 表示广东省,21 表示海南省,22 表示广西壮族自治区,23 表示重庆市,24 表示四川省,25 表示贵州省,26 表示云南省,27 表示西藏自治区,28 表示陕西省,29 表示甘肃省,30 表示青海省,31 表示宁夏回族自治区,32 表示新疆维吾尔自治区,33 表示新疆生产建设兵团,34 表示长江航务管理局,35 表示珠江航务管理局);XXXXXX 表示序列号。

3. 经营类别分为道路客运运输、道路危险货物运输、道路普通货物运输、道路货物运输站场、汽车租赁、机动车维修、汽车客运站、水路客运运输、水路普通货物运输、水路危险货物运输、港口客运、港口普通货物营运、港口危险货物营运、城市公共汽车客运、城市轨道交通运输、出租汽车营运、交通运输建筑施工企业、交通工程建设项目、收费高速公路、隧道和桥梁运营等类别。

4. 评价等级分一级、二级、三级 3 个级别。

5. 评价机构颁发等级证明印章使用圆形封口章,名称统一为“＊＊＊企业安全生产标准化评价专用章”“＊＊＊”为颁发等级证明的评价机构名称,“达标专用章”封口。

6. 证明电子模板可在管理系统下载。

7. 证明正本 1 份,副本 3 份。

附录 C

评审员评价机构信用扣分细则

一、评审员发生下列情形的,信用分值扣 1 分:

(一)管理维护单位对评审员评价能力、评价技巧、抽样或流程符合性提出质疑的;

(二)评审员信息发生变更,未按照规定办理变更手续的;

(三)经核实,评价期间不遵守有关纪律,迟到或提早离场的;

(四)未按评价计划实施现场评价,但不影响评价过程的。

二、评审员发生下列情形的,信用分值扣 2 分:

(一)以个人名义或未经评价机构同意,开展与评价相关活动;

(二)近 3 年内,管理维护单位对评审员评价能力、评价技巧、抽样或流程符合性提出质疑 2 次的评审员;

(三)近 3 年内,评审员参与评价的企业有 20% ~30% 发生一般等级以上安全生产责任事故;

(四)近 3 年内,评审员参与评价的企业发生了 1 起一般安全生产责任事故,且事故调查确定的直接原因在评价时已经存在,但评价中未识别或指出;

(五)未按评价计划实施现场评价,影响评价过程的。

三、评审员发生下列情形的,信用分值扣 5 分:

(一)与申请评价的企业存在利害关系的,未回避的;

(二)近 3 年内管理维护单位对评审员评价能力、评价技巧、抽样或流程符合性提出质疑 3 次及以上的评审员;

(三)非故意泄露企业技术和商业秘密,未造成严重后果的;

(四)近 3 年内,评审员参与评价的企业有 30% ~50% 发生一般等级以上安全生产责任事故;

(五)近 3 年内,评审员参与评价的企业发生了 1 起较大安全生产责任事故,且事故调查确定的直接原因在评价时已经存在,但评价中未识别或指出;

(六)受到主管部门通报批评的。

四、评审员发生下列情形的,信用分值扣 10 分:

(一)评价活动中为第三方或个人谋取利益,但不构成违法的;

(二)未按要求如实反映企业重大安全事故隐患或风险的;

(三)允许他人借用自己的名义从事评价活动的;

(四)近 3 年内,评审员参与评价的企业有 50% 以上发生一般等级以上安全生产责任事故;

(五)近 3 年内,评审员参与评价的企业发生了 1 起重大上安全生产责任事故,且事故调查确定的直接原因在评价时已经存在,但评价中未识别或指出。

五、评审员发生下列情形的,信用分值扣20分:

(一)登记备案条件弄虚作假的;

(二)评价活动中,存在重大违法、违规、违纪行为,构成违法的;

(三)评价活动中为第三方或个人谋取利益,情节特别严重的;

(四)评价工作中弄虚作假的,结果影响评价结论的;

(五)近3年内,评审员参与评价的企业发生了1起特别重大安全生产责任事故,且事故调查确定的直接原因在评价时已经存在,但评价中未识别或指出;

(六)故意泄露企业技术和商业秘密,或泄露企业技术和商业秘密造成严重后果的;

(七)被列入省部级以上黑名单的。

六、评价机构发生下列情形的,信用分值扣1分:

(一)逾期30日未提交年度工作报告;

(二)不按规定程序和要求开展评价活动的;

(三)内部档案管理制度不健全或重要考评记录文件缺失的(每缺失1件扣1分);

(四)未按评价计划实施现场评价,但不影响评价过程的;

(五)允许不具备评价能力人员参与评价活动的;

(六)近3年内,评价机构所评价的企业有20%~30%发生一般等级以上安全生产责任事故。

七、评价机构发生下列情形的,信用分值扣5分:

(一)未按要求如实反映企业重大安全事故隐患或风险的;

(二)未及时向管理维护单位报备评价结果的;

(三)泄露企业技术和商业秘密的,未构成后果的;

(四)评价机构评价结果或年度核查不符合实际情况;

(五)利用评价活动,谋取其他利益的;

(六)近3年内,评价机构所评价的企业有30%~50%发生一般等级以上安全生产责任事故;

(七)近3年内,评价机构所评价的企业发生了1起较大安全生产责任事故,且事故调查确定的直接原因在评价时已经存在,但评价中未识别或指出。

八、评价机构发生下列情形的,信用分值扣10分:

(一)评价工作中隐瞒或应发现而未发现企业重大安全事故隐患或风险;

(二)泄露企业技术和商业秘密的,造成较轻后果的;

(三)分包转包评价工作的;

(四)利用评价活动,强制谋取其他利益的;

(五)评价活动的专业类型不符合本办法要求或超范围评价的;

（六）评价机构或其法定代表人被主管部门通报批评的；

（七）近3年内，评价机构所评价的企业有50%以上发生一般安全生产责任事故；

（八）近3年内，评价机构所评价的企业发生1起重大安全生产责任事故，且事故调查确定的直接原因在评价时已经存在，但评价中未识别或指出。

九、评价机构发生下列情形的，信用分值扣20分：

（一）登记备案条件弄虚作假的；

（二）评价工作中弄虚作假，或应发现而未发现企业重大安全事故隐患或风险，导致隐患未消除或风险未得到有效控制，发生等级以上责任事故的；

（三）采取不正常竞争措施，严重影响市场秩序的；

（四）泄露企业技术和商业秘密的，造成严重后果的；

（五）评价机构相关条件低于首次备案条件，督办整改不合格的；

（六）近3年内，评价机构所评价的企业发生1起特别重大安全生产责任事故，且事故调查确定的直接原因在评价时已经存在，但评价中未识别或指出；

（七）评价机构或其法人被列入省部级以上黑名单的；

（八）按照有关法规、规定，应予以撤销的。

以上信用扣分细则，逐条逐次累计。交通运输部安委会办公室可根据安全生产信用体系建设和企业安全生产标准化建设情况适时调整。